アメリカのホームラン打者列伝

メジャーリーグの歴史に名を残す強打者たち

デザイン／イエロースパー
写真／National Baseball Hall of Fame and Museum 、Getty Images、BBM
執筆／福島良一、AKI 猪瀬、丹羽政善、奥田秀樹、加藤和彦、村田洋輔、石田雄太

※記録はすべて2021シーズン終了時のもの。各選手の年度別成績の太字はリーグトップおよびリーグトップ・タイ。同時点において公式に反映されていないため、ニグロリーグ在籍経験がある選手もその間の成績は含んでおりません。また、各選手の所属も、同シーズン終了時、もしくは現役時代のおもなものです。あらかじめご了承ください。

CONTENTS

今とは違うホームランの意味合い

1900年代〜1910年代

第二次世界大戦前後のホームランバッター

1940年代〜1950年代

ホームラン乱造による空中戦の主役たち

1980年代〜1990年代

若き新鋭たちの躍動

2020年代

2010年代の終わりごろから、
新時代の長距離砲たちがメジャーリーグの舞台に姿を現し始めていた。
ヤンキースのアーロン・ジャッジが新人本塁打記録を更新すると、
その2年後にはメッツのピート・アロンソがさらに1本更新。
そして、2021年には、二刀流で旋風を巻き起こしたエンゼルスの大谷翔平と、
ダルビッシュ有投手のチームメイトであるフェルナンド・タティース・ジュニアが、
それぞれア、ナ双方のリーグで本塁打王を争い話題となった。新時代の幕開けである。

大谷翔平

Shohei Ohtani

ルースを甦らせ全米を熱狂させた野球史上最高プレーヤー

文●丹羽政善

PROFILE

おおたに・しょうへい●1994年7月5日、岩手県出身。2012年10月、ドラフト1位で北海道日本ハムファイターズに指名されて花巻東高からプロ入りし、2016年にMVPを受賞するなど「二刀流」で活躍。2017年シーズン終了後にポスティング制度を利用してエンゼルスに移籍。2018年は打者として22本塁打、投手として4勝を記録し、新人王を受賞。同年シーズン終了後にトミー・ジョン手術。翌年から2年間は打者にほぼ専念。2021年は「二刀流」の大活躍で球界を席巻し、日本人選手として初めてホームラン・ダービーに出場。自己最多の46本塁打でシーズン終盤までタイトルを争ったほか、投手としても9勝をマークし、「史上最高のシーズン」と言われるほどの大活躍だった。オールスター・ゲーム選出1回。193cm95kg、右投左打、指名打者／投手。

膝が完治して技術も向上

何が飛躍を支えたのか？

２０２１年10月３日、シアトルで迎えた最終戦。プレーボールの余韻さめやらぬなか、大谷翔平が１ボール１ストライクからの３球目を捉えると、白球がライトスタンド中段へ吸い込まれるように消えた。そのとき、20年ぶりのポストシーズン出場を期待して駆けつけ、隣の人の声が聞こえないほどの声援を送っていた満員のマリナーズファンが、一瞬にして静まり返った。

呆然とする彼らの視線の先で、大谷がゆっくりとダイヤモンドを一周。本塁打王は最終日に追いついたブラディミール・ゲレーロ・ジュニア（ブルージェイズ）が、サルバドール・ペレス（ロイヤルズ）と48本で分け合い、大谷は２本差の３位に終わったが、終盤まで争いを牽引し、主役を張った。

「獲りたいなという気持ちは、あるっちゃ、ある」と言い続け、しっかり意識してタイトルを狙いにいっただけに、悔しさもあるはずだが、「貴重な経験をさせてもらった」

と充実感も漂わせた。

前年は打率・190、7本塁打に終わり、スタメンを外れることもしばしば。二刀流の限界さえ囁かれた。どちらかに絞るべきでは、と。では、そんな状況からいかに飛躍を遂げたのか。

まだ春先、4月9日のこと。

カナダへの渡航が厳しく制限されており、フロリダ州ダニーデンにあるキャンプ施設で行われたブルージェイズ戦に2番・指名打者でスタメン出場した大谷は2回、外角低めのチェンジアップに角度をつけ、バットの先っぽながらも打球を右中間フェンスまで運んだ。

試合後、去年の状態であれを打てたか？　と聞かれると、「どうでしょうね。当てるのはもちろんできると思いますけど、ああいう飛距離を出すっていうのは下（半身）でしっかりと捉えないと難しいので、そこは去年と違うところ」と話し、その上で前年との違いをこう説明した。

「やっぱり膝じゃないですかね。実際に去年やってみてわかりましたけど、かなり重要なところだなっていうのは感じてますし、やっぱりそこをバッティングで気をつければいい状態を保てる」

大谷は19年9月、左膝蓋骨（しつがいこつ）の手術を受けた。20年はまだその影響があり、左膝に負荷のかかるトレーニングが制限されていた。その結果、上半身に頼る打撃になっていた。

「去年はやっぱりどうしても上体でさばきにいくしかなかったので、それなりの数字しか残らなかった。いい勉強になった」

動作解析でつかんだ理想のスイング

大谷は20年のオフ、その身体の使い方を見直すべく、シアトル郊外にあるドライブライン・ベースボール（以下ドライブライン）を訪れている。ドライブラインは科学的知見に基づいた指導で知られるが、そこで大谷はオプティトラックというモーションキャプチャのシステムを利用した動作解析を受けると、やはり上半身に頼るフォームになっていることを指摘され、下半身始動による正しい動作の順番を学んだ。

具体的な指導については大谷もドライブラインも明かしていないが、かつてドライブラインを訪れたとき、モーションキャプチャの簡易版ともいえる「Kベスト」を用いた指導＝動作をデータ化し、それを解析。改善に必要なポイントを整理し、パフォーマンスを向上させる＝という一連の流れについては、取材したことがある。「Kベスト」は腰、背中（肩甲骨の間）、腕（左打者なら右腕）、手（左打者なら左手）にセンサーを取り付け、始動、ピークスピードのタイミングを計測。これによって身体がどういう順番で始動し、どのタイミングでピークが訪れているかを把握する。

理想は腰、背中、腕、手と身体の大きな部位から順に始動し、同じ順番でピークが訪れること。しかし、昨年の大谷がそうだったように「上体でさばきにいく」場合、仮に腰から始動しても、背中よりも先に腕が動く。順番が崩れると、ボールを捉えられても最大の力をボールに伝えることはできない。そういう前提を把握したうえで21年の打撃フォームを見る限り、その順番が修正されており、それが飛距離を生み出したことは間違いない。

同時に取り組んだのがスイング軌道だ。大谷は21年のキャンプ中、「下を叩ける位置を長くバットが通っていれば、いい打球を広角に打てる」と話した。この言葉にはポイントが2つある。向かってくるボールというのは、やや上からなので、スイング軌道がアッパー気味であれば線を合わせられる。ただ大谷はボールとバットの軌道を一直線にするのではなく、ボールの軌道のやや下を平行に通すイメージでバットを振る。そうすれば当たったときに角度をつけやすくなる。さらに、線を一致させられればタイミングが早い場合は引っ張る打球となり、遅い場合は左方向へ打球が飛ぶ。つまり、大谷が口にしたように広角に打てるのだ。彼はそのことを「そのほうが当たる面積も大きい」と独特の言い回しで説明した。

では、そうした理想的なスイング軌道をどう習得するのか。大谷は今年のキャンプ中、バットのノブにブラストモーションというデバイスを装着して打撃練習を行っていた。ブラストモーションでは、バットスピード、アタックアングル（インパクトのあと、バットが水平に対してどんな角度で軌道を描くか）、オン・プレーン％（向かってくるボールとバットのスイング軌道がどの程度一致しているか）など、スイング軌

二刀流での大活躍でルースと比較され、投手、そして打者としても圧倒的な数字をたたき出し、〝前例のない偉大なプレーヤー〟として名を轟かせた

道全体の可視化が可能。今では打球初速とアタックアングルの相関関係もわかるようになっていて、打球初速が105マイルを超える場合、アタックアングルは15～20度になるそうだ。つまりは、それが理想的な角度。ブラストモーションを打撃練習だけでなく、紅白戦など実戦形式の練習で使うことでアタックアングルが15～20度になる感覚を掴み、オン・プレーン%を確認することで向かってくる球に対して同じような軌道でバットを入れられているかも確認できる。大谷はそうしたデータも活用しながら一つの形を身につけていったと想定できる。

未来につながる「貴重な経験」

もっとも終盤、相手が勝負を避けるようになってズレが生じた。8月上旬、大谷は相手の攻めに関して「特に浅いカウントとかはボールでもいいぐらいの感じでカウントを取りにくる場面が多い」と話し、その攻めに対しては「無理にそこに手を出す必要はない」とその時点では冷静だった。

ところが、あまりにもそうした打席が続いたことで、さすがにしびれを切らしたか。「我慢の打席が多くなる」と自分に言い聞かせるように話したこともあるが、9月に入って「強引になっている」と自分に苛立った。このとき、動作の順番やスイング軌道が崩れ、打球に角度もつかなくなった。

ただ、大谷が終盤のホームラン王争いについて「貴重な経験」と言ったのは、そういうことも含めてのことではなかったか。来年も相手が嫌がり、勝負を避けるかもしれない。仮にマイク・トラウトが復帰したとしても。しかし、一度経験したことで学んだことは少なくない。

結局、歴代のスラッガーも同じような攻めに苦しみ、やがてそれを乗り越えた。射程に入っていた本塁打王のタイトルを逃すことにはなったものの、大谷はある意味、次のレベルに進むために必要な教訓を手にし、それを2022年以降の礎にすべく先を見据える。ちょうど2020年の屈辱が2021年の飛躍を支えたように。

年度	チーム	試合	打数	得点	安打	二塁打	三塁打	本塁打	打点	四球	三振	盗塁	打率	出塁率	長打率	OPS
2018	エンゼルス	104	326	59	93	21	2	22	61	37	102	10	.285	.361	.564	.925
2019	エンゼルス	106	384	51	110	20	5	18	62	33	110	12	.286	.343	.505	.848
2020	エンゼルス	44	153	23	29	6	0	7	24	22	50	7	.190	.291	.366	.657
2021	エンゼルス	155	537	103	138	26	**8**	46	100	96	189	26	.257	.372	.592	.965
メジャー通算(4年)		409	1400	236	370	73	15	93	247	188	451	55	.264	.353	.537	.890

※アミカケはリーグトップ

フェルナンド・タティース・ジュニア

Fernando Tatís Jr.

パワーとスピードのコンボ 新世代スラッガーの象徴

文●丹羽政善

PROFILE

本名フェルナンド・ガブリエル・タティース・ジュニア。1999年1月2日、ドミニカ共和国生まれ。2015年7月にホワイトソックスと契約し、マイナーでプロデビューを果たす前、翌年6月のトレードでパドレスへ移籍。着実に成長を遂げて2018年には球界トップクラスの有望株とみなされるようになり、2019年3月に20歳でメジャーデビュー。同年は新人王投票3位、翌年はMVP投票4位と活躍し、2021年2月に14年3億4000万ドルというメジャー史上最長の大型契約を結んだ。2021年は度重なる左肩の故障に悩まされながらも自己最多の42本塁打で初の本塁打王。スーパースターの仲間入りを果たした。本塁打王1回、オールスター・ゲーム選出1回。2020年までにシルバースラッガー賞1回。190cm98kg、右投右打、遊撃手。

新たな価値観が熱狂を呼ぶ

ピンクのアームスリーブとリストバンドは大リーガーが母の日に身に着ける恒例のアイテムだが、フェルナンド・タティース・ジュニア（パドレス）は日常的にそんなピンクのアイテムを身に着けてプレーする。しかもそれはマイナー時代からの習慣だ。ピンクが母親の一番好きな色で、感謝を示すためというのは有名な話で、本人も折りに触れ、「常に母のことを想っていることを伝えたい」と理由を語る。

ただ、そうした古風な一面がある一方、果敢に従来の概念に挑み続ける。タティース・ジュニアは「MLB THE SHOW 21」というゲームソフトのカバーを飾っているが、テレビコマーシャルでこう挑発する。

「みんなを興奮させちゃってごめんよ。これは君たちが知っている野球じゃないかもな。でももう時は戻せないんだ」

もちろんこれは宣伝のキャッチコピーであり、彼が考えたわけではないが、必ずしも言わされているわけではない。彼にはこんな想いもある。

「楽しかったら、嬉しかったら、感情を表してもいいじゃないか。子供たちには自由にプレーしてもらいたい」

塁上でガッツポーズをすることは相手を侮辱することになるのか？　子供たちには古い慣習にとらわれず、純粋に野球を楽しんでもらいたい。敷居を低くしたい。そうすればもっと野球人口が増え、盛り上がる……そんな思いから、そうした発言を繰り返し、新たな価値観を生み出そうとしている。

そのことをある意味象徴したのが2020年8月17日のレンジャーズ戦だった。タティース・ジュニアは10対3と7点をリードしていた8回、1死満塁の場面で打席に入ると、3ボールから相手がストライクを取りにきたボールをためらわず強振し、打球を右翼席へ運んだ。

試合後、勝敗の決している終盤に3ボールから打ったのはアンリトゥンルール（不文律）に反するとして相手監督から批判され、パドレスの監督からも「振らないように指示をした」と暗に咎められている。タティース・ジュニアは「この経験から学ぶことがある」と殊勝顔だったが、一方で「もう古いアンリトゥンルールなんていいんじゃないか？」という声が相次ぎ、特に若い世代は彼の擁護に回った。

翌年4月24日、タティース・ジュニアはトレバー・バウアー（ドジャース）から2本のホームランを放った。オープン戦からの同投手との因縁もあり、このときもタティース・ジュニアは派手にベースを一周。ドジャースファンのイライラを逆なでするかのようだったが、打たれたバウアーはあっけらかんとしたものだった。

「いいじゃないか、あれぐらい。ホームランを打って喜んじゃいけないなんて、今の時代、ナンセンスだ。もっと選手は感情を出してもいい」

敵からも援軍を得て、というわけではないが、その後も彼はホームランを打つと、バットをクルクルっと回転させながら放り投げ、ダイヤモンド一周では三塁手前でバックステップを踏むなど、ちょっとしたパフォーマンスでファンを沸かせた。

それを敵地でもやるので大ブーイングを受けるが、どこ吹く風。かつてならやはり、アンリトゥンルールを破った、相手を侮辱したなどとして次の打席でぶつけられていた可能性があるが、子供たちはそんなタティース・ジュニアに熱狂する。

21年のシーズン終了後、大リーグ公式ショップでのユニフォームの売り上げが発表されたが、タティース・ジュニアはムーキー・ベッツ（ドジャース）に次いで第2位。彼に対する支持はわかりやすい形で現れていた。

新時代の幕開け

ところで、バウアーから放った2本塁打だが、2発目に関してはタティース・ジュニアが捕手のサインを横目で見ていたとネットで話題になった。本当であれば、それはさすがに一線を越えているが、一方でバウアーは別のことに感心しきりだった。

「あれは外角に遠く外れるカットボール。球種がわかっていたとしても、コースがわかっていたとしても、あれを左中間スタンドに運ぶとは……」

同年9月30日、タティース・ジュニアは同じドジャー・スタジアムでレフトへ場外ホームランを放っている。その推定飛距離は467フィート（142・3メートル）で、これは彼にとってキャリア2番目の飛距離だったが、ドジャー・スタジアムで場外まで飛ばしたのは、マーク・マグワイア、マイク・ピアッツァ、ウィリー・スタージェ

2021年シーズン開幕前に史上最長となる14年3億4000万ドルの延長契約を結び、スーパープレーでファンを魅了してメジャーリーグの顔となった

ル（2度）、ジャンカルロ・スタントンに次いで5人目となった。

いったい、あの細身の身体のどこにあんなパワーがあるのか。

オールスター・ゲームでは私服姿のタティース・ジュニアにも会ったが、細身のスーツを着こなし、まるでモデル体型。スーツの色は当然ながらピンクだったが、何も知らずにすれ違った人が、彼がナ・リーグのホームラン王だと聞かされて、信じられるかどうか。

しかも、スイングがやや独特で、振り切らないことも。それでいて客席まで運ぶ。ちょうど、ブリュワーズで活躍し、12年にホームラン王を獲得するなど、通算352本塁打を放ったライアン・ブラウンのスイングがまさにそんな感じだった。

ブラウンはかつて、飛距離を生む原動力について聞くと、「(身体の)トルクを意識すること」と教えてくれた。それはすなわち、身体のひねりであり、「身体を右側に引き絞った力を解放することで一気にボールに力を伝える」とのこと。それを支えるのが「彼の体幹の強さだ」と補足してくれたのは、ブラウンをスカウトしたジャック・ズレンシックだ。彼はのちにマリナーズのGMなども務めたが、「ブラウンの体幹の強さというのは並外れていた」と振り返っている。

タティース・ジュニアとブラウンにはさらに共通点がある。ブラウンは本塁打のタイトルを獲った12年、30盗塁を記録しているのである。タティース・ジュニアもまたスピードを兼ね備え、2021年はナ・リーグ3位の25盗塁をマークした。ブラウンはその後も二桁盗塁をキャリア晩年まで維持したが、タティース・ジュニアは「パワーもスピードも自分の大きな特徴」と話し、こう続ける。

「自分のスピードが気に入っている。スピードはディフェンス、走塁、盗塁など、野球の試合の中でより使いどころがあるから、これは失いたくない」

度々比較されるブレーブスのロナルド・アクーニャ・ジュニアも、パワーとスピードを併せ持ち、19年は41本塁打、37盗塁で盗塁王となっている。彼もまたスリムで、タティース・ジュニア同様、今の時代を象徴する選手と言えるのではないか。

そこに大谷翔平（エンゼルス）を加えてもいいが、今季2人揃って大ブレークしたことは新時代の幕開けを印象付けた。

年度	チーム	試合	打数	得点	安打	二塁打	三塁打	本塁打	打点	四球	三振	盗塁	打率	出塁率	長打率	OPS
2019	パドレス	84	334	61	106	13	6	22	53	30	110	16	.317	.379	.590	.969
2020	パドレス	59	224	50	62	11	2	17	45	27	61	11	.277	.366	.571	.937
2021	パドレス	130	478	99	135	31	0	**42**	97	62	153	25	.282	.364	.611	.975
メジャー通算(3年)		273	1036	210	303	55	8	81	195	119	324	52	.292	.369	.596	.965

※アミカケはリーグトップ

アーロン・ジャッジ

才能と人格を備えたニューヨークのニュースター

Aaron Judge

文●大冨真一郎

PROFILE

本名アーロン・ジェームス・ジャッジ。1992年4月26日、カリフォルニア州生まれ。2013年ドラフト1巡目（全体32位）でヤンキースに指名されてプロ入りし、2016年8月にメジャーデビュー。翌年は52本塁打でマーク・マグワイアの新人記録（当時）を塗り替えて初の本塁打王に輝き、新人王を受賞。初出場したホームラン・ダービーでも優勝した。翌年からは故障に悩まされるが、出場時には自慢の長打力を遺憾なく発揮。2021年は4年ぶりに故障離脱のないシーズンを過ごし、自己2位となる39本塁打を放った。生え抜きのスター選手として今後のさらなる活躍が期待される。本塁打王1回、オールスター・ゲーム選出3回。2020年までにシルバースラッガー賞1回。201cm127kg、右投右打、外野手。

ニューヨークに現れた彗星

２０１７年の春。ヤンキースファンは珍しく謙虚な気持ちで開幕を迎えていた。２０１０年代に入って、長らく球界の顔だったデレク・ジーターをはじめ、マリアーノ・リベラら常勝軍団を支えてきた大物選手が次々と引退。16年夏には守護神アロルディス・チャップマンら主力をトレードに出すなど珍しく白旗を挙げ、94年に現在の３地区制となってから初の地区4位という屈辱を味わった。オフの補強もいつもの派手さを欠き、負けることに慣れていないニューヨークのファンも「今年は我慢して若手を起用しなくてはならないかもしれない」と諦観していたのだ。

そんな「悪の帝国」の黄昏時に彗星のように現れたのがアーロン・ジャッジだった。身長２０１センチ、体重１２７キロというアメフト選手を上回る体格を誇り、豪快なスイングで開幕直後から本塁打を量産。４月に打率３割３厘、10本塁打、20打点を残して月間最優秀新人に選ばれると、５月、６月も勢いを失うことなく同賞を独占して一躍時の人となった。その名前から判事（ジャッジ）のコスプレをしての応援が流行り、これに目を付けた球団はヤンキー・スタジアム右翼席に通称ジャッジ・チェンバース（判事室）という応援席を開設。ブレーブス応援団のトマホークチョップよろしく『判事の登場』『全員起立！』（法廷開廷時の呼びかけ）と書かれたガベル型のフォームフィンガーを振り回す姿が名物となり、新人ながら球団の顔となっていく。

7月上旬には3試合連続本塁打を放って球宴前に30号に到達。新人の前半戦30本塁打は87年のマーク・マグワイアに次いで史上2人目で、偉大なジョー・ディマジオが持つ球団の新人本塁打記録を前半戦だけで塗り替えてしまった。オールスター投票ではリーグ最多の448万票余りを集め、球宴前夜のホームランダービーでは新人として初の優勝を飾るなど、ロブ・マンフレッド・コミッショナーが「野球界の顔になれる存在だ」と認めるまでになっていた。

夏場に失速したが、9月4日に史上2人目の新人40本塁打に到達すると、ペナントレースの佳境でジャッジのバットは再び火を噴き始める。24日に敵地でのブルージェイズ戦で2本塁打して48本塁打とすると、翌25日には本拠地でのロイヤルズ戦で2本塁打を放ってマグワイアが持つメジャー新人記録を更新。最終的に52本塁打として本塁打王のほか、得点、四球、三振でもリーグ最多を記録し、満票での新人王、MVP投票2位、シルバースラッガー賞など、ホームラン・アーチストとして歴史的なルーキーイヤーを過ごしたのだった。

ファンやチームメイトから慕われる人格者

ジャッジの魅力は堂々の体躯から豪快な本塁打を放つだけではない。実は新人本塁打記録を作った年に右翼手としてゴールドグラブ賞のファイナリストにも選ばれている。外野を駆け回る彼に巨漢という言葉の響きから受ける鈍重さはない。鋭いダイビングキャッチをする姿は彼が2メートル超の大男であることを忘れさせるほどで、18年には広い守備範囲を要求されるセンターでも起用され、メジャー史上最も長身で最も体重の重い中堅手として歴史に名を残した。

コミッショナーが「球界の顔」に推した理由は野球の才能だけでなく、彼の人格によるところも大きい。ジャッジは生まれた次の日に養子に出され、白人の教師夫婦の

2メートル超の巨体ながら外野を軽快に守り、フェンス際の打球などをキャッチする球際の強さを持っている

もとで育てられた。自分が両親に似ていないことに気付き、10歳のときに養子であることを明かされたが、「大きな問題ではなかった」という。「母親のお腹の中で育つ子もいるが、俺は母親のハートに包まれて育った」。ジャッジと両親との固く結ばれた絆は有名で「彼女が母親でなければメジャーリーガーになれなかった」とまで言い切っている。「彼女は何が正しくて何が間違っているかを教えてくれた。人とどう接して、努力してよりよい結果を出すか。そういう大事なことを全て教えてくれたんだ」

ジーターの後継者としての期待

そんな両親の教育もあってジャッジは人当たりのよさと謙虚さを備えたスター選手になった。気さくにサインをし、練習中に外野スタンドのファンとキャッチボールに興じたこともあった。

人好きのする性格でチームメイトからの信望も厚く、アーロン・ブーン監督は「2年目にして仲間から尊敬を集め、目に見えない貢献をしてくれる選手だということがよくわかった。（18年に死球骨折で離脱した後）彼が戻ってきた日は違いがわかるぐらいダグアウトの空気がやる気に溢れていたんだ」とその存在感を絶賛。才能と人格を備えたロールモデルに相応しい選手と言えるだろう。

残念ながら18年以降はアクシデントや故障、そしてコロナ禍で新人年を上回る数字を残せていない。また、チームも09年を最後にワールドチャンピオンから遠ざかったままだ。

その強打とカリスマ性でヤンキースを再び世界一に導き、常勝軍団の大黒柱になることができるか。そのときこそ、球界の顔・ジーターの後継者として誰もが認めることだろう。

年度	チーム	試合	打数	得点	安打	二塁打	三塁打	本塁打	打点	四球	三振	盗塁	打率	出塁率	長打率	OPS
2016	ヤンキース	27	84	10	15	2	0	4	10	9	42	0	.179	.263	.345	.608
2017	ヤンキース	155	542	**128**	154	24	3	**52**	114	**127**	**208**	9	.284	.422	.627	1.049
2018	ヤンキース	112	413	77	115	22	0	27	67	76	152	6	.278	.392	.528	.919
2019	ヤンキース	102	378	75	103	18	1	27	55	64	141	3	.272	.381	.540	.921
2020	ヤンキース	28	101	23	26	3	0	9	22	10	32	0	.257	.336	.554	.891
2021	ヤンキース	148	550	89	158	24	0	39	98	75	158	6	.287	.373	.544	.916
メジャー通算(6年)		572	2068	402	571	93	4	158	366	361	733	24	.276	.386	.554	.940

※アミカケはリーグトップ

ピート・アロンソ

Pete Alonso

たゆまぬ努力で覚醒し
53本塁打の新人記録樹立

文●大冨真一郎

PROFILE

本名ピーター・モーガン・アロンソ。1994年12月7日、フロリダ州生まれ。2016年ドラフト2巡目（全体64位）でメッツに指名されてプロ入りし、2018年にマイナー最多の36本塁打、119打点を記録。翌年のオープン戦で打ちまくって開幕ロースター入り。その勢いのままに53本塁打を放ってアーロン・ジャッジの新人記録を塗り替え、初の本塁打王に輝いたほか、新人王も受賞した。ホームラン・ダービーは2019年と2021年に出場し、2度とも優勝。複数回のダービー優勝は史上4人目の快挙（連覇は史上3人目）。メジャー347試合目での通算100本塁打達成は歴代2番目のスピード記録。本塁打王1回、オールスター・ゲーム選出1回。190cm111kg、右投右打、一塁手。

「俺は自分を地球上で最高のパワーヒッターだと思っている」

メジャーの歴史で最初に新人で20本塁打したのは1925年のルー・ゲーリッグ（ヤンキース）と言われている。これを新人本塁打記録の元祖とすると、初めて更新したのが1928年のデル・ビソネット（ドジャース）の25本塁打。翌年、デール・アレクサンダー（タイガース）がこれに並び、30年にウォーリー・バーガー（ブレーブス）が新人で38本塁打の金字塔を打ち立てた。この記録は56年にフランク・ロビンソン（レッズ）に並ばれたが、87年にマーク・マグワイア（アスレチックス）が49本塁打を放つまで、57年間破られることがなかった。そこからアーロン・ジャッジ（ヤンキース）が新記録の52本塁打を放つまで、再び30年もの年月を要したが、その記録を僅か2年で更新してしまったのが同じニューヨークを本拠地に置くメッツのピート・アロンソだ。

2018年にマイナー最多の36本塁打を放ち、期待されて迎えた19年はオープン戦から長打を連発して開幕正一塁手の座を獲得。太めの体格とパワーからポーラーベ

太めの体格から豪快なアーチを量産して「ポーラーベアー」の愛称で親しまれている

アー（ホッキョクグマ）の愛称を得て、すぐにファンからもチームメイトからも愛される存在になった。キャリア10試合で11長打というメジャー記録を樹立すると、本塁打を量産し始めて6月22日にナ・リーグの新人前半戦本塁打記録となる26号、翌日に27号を放って早くもダリル・ストロベリーが持つ球団の新人本塁打記録を更新してしまった。球宴にも選出され、ホームラン・ダービーではジャッジに次いで史上2人目の新人での優勝を果たした。その後もコンスタントに本塁打を積み重ねてラスト3試合でジャッジに並び、最終戦の前日に新人最多本塁打記録を塗り替えた。

短縮シーズンとなった2年目もトップと2本差。21年には2度目のホームラン・ダービー優勝を飾り、「俺は自分を地球上で最高のパワーヒッターだと思っている」とぶち上げた。史上2番目に早い347試合で通算100本塁打に到達するなどジャッジと並んでこれからのニューヨークの顔となっていきそうなパワーヒッターだが、ここまでの道のりは他のメジャーリーガーのようなスポーツエリートとは程遠いものだった。

アロンソを支えた親友と、野球への愛情と信念

アロンソは多くの名選手を輩出しているフロリダ州タンパで生まれ育った。最初に通った高校はOBにアル・ロペスやルー・ピネラ、現役だとランス・マカラーズ・ジュニアらがおり、転向した高校は3000安打したウェイド・ボッグスの出身校だった。スポーツメディアのインタビューに答えた幼馴染によれば、子供の頃のアロンソは「いつもクラスで一番大きくて、愉快で、心優しい奴だった」という。ただし、メジャーリーガーの逸話にありがちなスポーツ万能の武勇伝はなく、太った体型をからかわれるいじめられっ子だったようだ。「ピートは何を言われても怒らなかった。ただ無視

するだけだった」と当時の様子を振り返る。

「俺は色んなことを心の中で消化していた。やり返さなかった。痛みに強かったのかな。殴られたり蹴られたりしても身体は大丈夫だったしね。でも心は傷ついた。誰が何をしたか、今でも覚えているよ」

そんなアロンソを支えたのは親友と、野球への愛情と信念だ。中学生になった頃から夢はメジャーリーガーになることだった。野球の才能に恵まれていたわけでもないアロンソに高校の監督は「大学レベルでやれる選手にはなれない」と言い切った。高校に訪れたスカウトは体つきと走る姿を見て「プロになるとは思えない」と評価した。それでもアロンソは夢を諦めなかった。中学生の頃から「友達と遊ぶ時間もなかった」というほど野球漬けの日々を送り、どうすればメジャーリーガーになれるかを考えていた。

高校に入学したばかりのある日、幼馴染はアロンソに訊ねた。

「プロになれなかったらどうするのさ？」

アロンソは答えた。

「なれなかったら、なんて予定はないのさ」

「そりゃそうだ。やれよ！　とことんやり抜けよ！」

幼馴染は親友を勇気づけるように言った。

日本の高校野球のように練習に明け暮れた日々

アロンソは信念の人だ。どんなに低評価を受けてもメジャーリーガーを目指して努力を続けた。その姿は楽しそうに白い歯を見せるアメリカのスポーツ選手というよりは歯を食いしばる日本の高校球児に近いかもしれない。

「高校でもいわゆる学生生活なんてなかった。イケてる学生でもなかったし、俺のことを理解している人は多くなかったと思う。俺は高校を大学野球かプロに進むためのチャンスを得る場所だと考えていた。だから週末もほとんど野球をしていた」

高校卒業時にはドラフト指名を受けられなかったアロンソだが、フロリダ大学に進学すると徐々に実力を開花させていく。「ピートは私が見た中で一番精力的な学生だった。彼の能力を疑う声を常にモチベーションにしていた」とフロリダ大学の野球部監督として通算最多勝記録を更新中のケビン・オサリバンは振り返る。3年時にはカレッジワールドシリーズで特大の一発を放つなど大学球界イチの飛ばし屋として注目されるようになり、16年ドラフト2巡目でメッツに入団。マイナーリーグでも1年目から長打力を発揮したが、それでも周囲の評価は同年代のドミニク・スミスがメッツの将来の正一塁手で、アロンソの出番はないという意見が多かった。

まだ高い評価が定着する前、マイナー時代のアロンソがこう語っていたことがある。「野球選手とローマの剣闘士とはそんなに違いがない。バットは攻撃に使う剣、グラブは守備に使う盾。俺たちは観客が見下ろすスタジアムで戦うんだ」。

アロンソにとって野球は自分を認めさせ、夢を実現するための戦いの連続だったことを伺わせる言葉だ。そして19年、遂に彼は戦いを勝ち抜いたのだ。自分でも予想しなかった53本塁打という驚異のメジャー新人記録樹立という形で。

年度	チーム	試合	打数	得点	安打	二塁打	三塁打	本塁打	打点	四球	三振	盗塁	打率	出塁率	長打率	OPS
2019	メッツ	161	597	103	155	30	2	**53**	120	72	183	1	.260	.358	.583	.941
2020	メッツ	57	208	31	48	6	0	16	35	24	61	1	.231	.326	.490	.817
2021	メッツ	152	561	81	147	27	3	37	94	60	127	3	.262	.344	.519	.862
メジャー通算(3年)		370	1366	215	350	63	5	106	249	156	371	5	.256	.347	.542	.890

※アミカケはリーグトップ

ツーシーム全盛時代を打ち砕いたパワーとテクニック

2000－2010年代

アメリカ球界は1990年代にホームラン乱発の時代を迎えた。
その受難の時代に投手側が編み出した対策が、沈む速球を多投して芯をズラそうとするピッチングだった。
しかし、そんな時代の傾向にも易々と対応し、パワーを発揮し続けた選手たちはいた。
松井秀喜とともにプレーしたアレックス・ロドリゲス、
驚異の打棒でカージナルスを牽引したアルバート・プーホルス、
最後の三冠王ミゲール・カブレラ、
守備でも他の追随を許さないロッキーズの主砲ノーラン・アレナード。
迫力と安定感の両立を成した男たちだ。

アレックス・ロドリゲス

Alex Rodriguez

スキャンダルで激震 光と影の〝スーパースター〟

文●AKI猪瀬

PROFILE

本名アレクサンダー・エンマニュエル・ロドリゲス。愛称は「A-Rod」。1975年7月27日、ニューヨーク州生まれ。1993年ドラフト全体1位でマリナーズに指名されてプロ入りし、メジャー3年目の1996年に首位打者を獲得するなど大型遊撃手として活躍。2000年シーズン終了後にFAとなり、10年2億5200万ドルの超大型契約でレンジャーズへ。ヤンキースに移籍した2004年からは三塁手。2013年8月に「バイオジェネシス問題」で211試合の出場停止処分。2016年限りで現役引退。MVP3回、首位打者1回、本塁打王5回、打点王2回、オールスター・ゲーム選出14回、シルバースラッガー賞10回、ゴールドグラブ賞2回。190cm104kg、右投右打、遊撃手／三塁手。

名門フロリダ大学を蹴ってドラフト全体1位指名

1977年からシアトル・マリナーズの専属アナウンサーを務めてきた故デーブ・ニーハウスは、初めて18歳の少年を見たとき「しなやかでスムーズな動きをする。彼は、まるで鞭のようにしなやかだ」と発言。その鞭のようだと称された少年は、1994年7月8日に遊撃手としては1900年以降、史上3人目となる18歳でメジャーデビューを果たしたアレックス・ロドリゲスだ。愛称はアレックスのAと鞭＝RODを組み合わせたA―ロッドだった。

1975年7月27日にニューヨーク州のブルックリンで生まれ、4歳で両親の母国ドミニカ共和国に移住し、ドミニカで3年間過ごした後にアメリカのフロリダ州マイアミに移り、その後はマイアミに定住した。8歳のときに両親が離婚。母ローデスに育てられたロドリゲスは少年時代から野球、アメリカン・フットボール、バスケットボールなど、様々なスポーツで活躍すると、高校卒業時には名門フロリダ大学から奨学金を受けて入学が内定していた。

しかし、93年に大学生を中心とした野球のアメリカ代表チームのトライアウトに高校生として史上初めて参加が認められたロドリゲスを、メジャーリーグのチームが見逃すはずもなかった。93年のドラフトでマリナーズから最大の名誉とされる全体1位指名を受けた。当時17歳のロドリゲスは、マリナーズの本拠地ワシントン州シアトルが何処にあるかもわからず、親元から離れる不安も重なり、入団交渉は順調には進まなかったが、既にスーパースターになっていたマリナーズのケン・グリフィー・ジュニアから「僕もドラフト全体1位指名でマリナーズに入団した。高卒で全体1位のプレッシャー、親元を離れる不安は、よく理解できる。でも、心配はいらない。シアトルの街もマリナーズも最高だ」と、電話で励まされ、マリナーズ入団に合意した。

脚光を浴びる球界のスーパースターへ台頭

18歳で始まったロドリゲスのプロ野球人生だが、その輝かしいキャリアは「太陽と月」のように明暗が分かれるものとなった。

マリナーズ在籍時は、まさに「太陽の時代」。デビュー3年目となった96年に史上3番目の若さとなる21歳1か月で首位打者を獲得。当時のチームメイトで2019年に殿堂入りを果たしたエドガー・マルティネスは「私が10年以上費やして修得した技術をロドリゲスはわずか1、2年で取得してしまう」と話したほど。1998年は史上3人目となる40本塁打／40盗塁を達成。99年には史上最年少となる23歳309日で通算100本塁打／100盗塁を達成する（のちにエンゼルスのマイク・トラウト外野手が記録更新）。

一気にメジャーリーグを代表するスーパースターの階段を駆け上がっていったロドリゲスは、24歳で迎えた2000年オフにFAとなり、01年1月26日に当時、北米プロスポーツ史上最高額となる10年2億5200万ドルの歴史的大型契約でレンジャースと合意した。当時、母ローデスは息子に「お金や名声は埃のようなものです。すべてを手にした自分と何もなかったときの自分が同じでなければ、お金や名声には何の価値もありません」と諭した。

全体1位指名の真価を発揮したロドリゲスは、5ツール・プレーヤーとして一気にスーパースターに駆け上がった

しかし、名声とお金を手にしたロドリゲスの歯車は、少しずつ狂い始めていく。レンジャース移籍1年目の01年に自身初となる本塁打王獲得に加えて、1934年以降初となる50本塁打／200安打を達成。02年は1984年以来初となる本塁打／打点／塁打数の三部門でメジャー最多を記録し、「シルバースラッガー賞よりもゴールドグラブ賞を取れる選手になりたい」と語っていたロドリゲスは、この年にゴールドグラブ賞を初受賞した。

03年は史上最年少となる27歳149日で通算300本塁打を達成し、キャリアの絶頂期を迎えていた。しかし、ロドリゲスは「大型契約のプレッシャーに負けて、この時期に初めてステロイドを使用した」と後に告白する。このとき、すでにロドリゲスの「太陽の時代」は終わりを迎えていた。

スーパースターからの転落

大きな太陽が沈み、「月の時代」が訪れる。ロドリゲスの大型契約が球団経営の妨げになっていると感じたレンジャースは、レッドソックスとロドリゲスのトレード交渉を行い、球団間では合意に達したが、選手会の反対によりトレードは破談となる。しかし、04年2月15日にヤンキースへのトレードが成立した。MVP受賞翌年のシーズンにトレードが成立したのは、このときのロドリゲスがメジャー史上2人目。ポジションを遊撃から三塁へ、背番号を3から13に変更したヤンキース1年目は、史上3人目となる7年連続35本塁打／100打点／100得点を記録したが、レッドソックスとのALCS第6戦で一塁ベースカバーに入ったブロンソン・アローヨ投手のボールが入ったグラブを叩き落とそうとする行為が大きな問題になるなど、この頃から少しずつダーティーなイメージが付き始めた。

05年に29歳316日で通算400本塁打。07年に32歳8日で通算500本塁打。10年に35歳8日で通算600本塁打。すべて史上最年少で達成している。

しかし、09年2月7日発売の「スポーツ・イラストレイテッド」が03年に行われた薬物検査で104選手が陽性反応を示していたことを公表。その中にロドリゲスの名前も記載されていた。

この報道をきっかけに、ロドリゲスは禁止薬物使用問題の渦中の人であり続けた。13年1月29日に発覚したマイアミの医療機関が震源となる「バイオジェネシス・スキャンダル」で09年から13年にかけて禁止薬物の購入が明らかとなり、ロドリゲスは14年シーズンの出場停止処分が決定。15年に復帰を果たしたが、ファンから愛された「太陽の時代」は忘れ去られ、冷ややかな視線を向けられた。「月の時代」は翌16年の引退で幕を閉じる。

「14年の出場停止処分は、すべて自分自身の過ちが原因」と語ったロドリゲス。22年は殿堂入り有資格者1年目となる。果たしてどのような審判が下るのだろうか。

年度	チーム	試合	打数	得点	安打	二塁打	三塁打	本塁打	打点	四球	三振	盗塁	打率	出塁率	長打率	OPS
1994	マリナーズ	17	54	4	11	0	0	0	2	3	20	3	.204	.241	.204	.445
1995	マリナーズ	48	142	15	33	6	2	5	19	6	42	4	.232	.264	.408	.672
1996	マリナーズ	146	601	**141**	215	54	1	36	123	59	104	15	**.358**	.414	.631	1.045
1997	マリナーズ	141	587	100	176	40	3	23	84	41	99	29	.300	.350	.496	.846
1998	マリナーズ	161	**686**	**123**	213	35	5	42	124	45	121	46	.310	.360	.560	.920
1999	マリナーズ	129	502	110	143	25	0	42	111	56	109	21	.285	.357	.586	.943
2000	マリナーズ	148	554	134	175	34	2	41	132	100	121	15	.316	.420	.606	1.026
2001	レンジャーズ	**162**	632	**133**	201	34	1	**52**	135	75	131	18	.318	.399	.622	1.021
2002	レンジャーズ	**162**	624	125	187	27	2	**57**	**142**	87	122	9	.300	.392	.623	1.015
2003	レンジャーズ	161	607	**124**	181	30	6	**47**	118	87	126	17	.298	.396	**.600**	.996
2004	ヤンキース	155	601	112	172	24	2	36	106	80	131	28	.286	.375	.512	.888
2005	ヤンキース	**162**	605	**124**	194	29	1	**48**	130	91	139	21	.321	.421	**.610**	**1.031**
2006	ヤンキース	154	572	113	166	26	1	35	121	90	139	15	.290	.392	.523	.914
2007	ヤンキース	158	583	**143**	183	31	0	**54**	**156**	95	120	24	.314	.422	**.645**	**1.067**
2008	ヤンキース	138	510	104	154	33	0	35	103	65	117	18	.302	.392	**.573**	.965
2009	ヤンキース	124	444	78	127	17	1	30	100	80	97	14	.286	.402	.532	.933
2010	ヤンキース	137	522	74	141	29	2	30	125	59	98	4	.270	.341	.506	.847
2011	ヤンキース	99	373	67	103	21	0	16	62	47	80	4	.276	.362	.461	.823
2012	ヤンキース	122	463	74	126	17	1	18	57	51	116	13	.272	.353	.430	.783
2013	ヤンキース	44	156	21	38	7	0	7	19	23	43	4	.244	.348	.423	.771
2014								出場停止処分を受けてプレーせず								
2015	ヤンキース	151	523	83	131	22	1	33	86	84	145	4	.250	.356	.486	.842
2016	ヤンキース	65	225	19	45	7	0	9	31	14	67	3	.200	.247	.351	.598
メジャー通算(22年)		2784	10566	2021	3115	548	31	696	2086	1338	2287	329	.295	.380	.550	.930

※アミカケはリーグトップ

アルバート・プーホルス

Albert Pujols

人格にも優れる現役最多記録保持者は不世出のアーチスト

文●AKI猪瀬

PROFILE

本名ホゼ・アルバート・プーホルス。1980年1月16日、ドミニカ共和国生まれ。1999年ドラフト13巡目（全体402位）でカージナルスに指名されてプロ入りし、メジャーデビューした2001年に新人王。2010年まで10年連続で打率3割、30本塁打、100打点を記録。2006年に自己最多の49本塁打、2009年は初の本塁打王。2011年シーズン終了後にFAとなり、10年2億4000万ドルの超大型契約でエンゼルスへ。2018年に通算3000安打、翌年に通算2000打点を達成。2021年5月にエンゼルスを解雇され、ドジャースに移籍。MVP3回、首位打者1回、本塁打王2回、打点王1回、オールスター・ゲーム選出10回。2020年までにシルバースラッガー賞6回、ゴールドグラブ賞2回。190cm106kg、右投右打、一塁手。

年齢詐称を疑われるほど有能なドミニカン

メジャーリーガーが欲するものをすべて手中に収めた男、アルバート・プーホルス。MVPを筆頭とした各賞、打撃個人タイトル、歴史的な記録の数々、チャンピオンリング、大型契約、ロールモデルとしての社会からのリスペクト、殿堂入りの約束手形など、プーホルスが手にしていないものはメジャーリーグの世界にはもはや何も残されていない。

1980年1月16日、ドミニカ共和国の首都サント・ドミンゴで生まれたプーホルスは、牛乳パックで作ったグラブとボールの代わりのライムを使い、5歳から野球を始めた。16歳のときに父ビエンベニードと共にニューヨーク州ブロンクスに移住。しかし、移住して間もないときに近所の雑貨店の前で銃撃戦が起こり、プーホルス親子はカンザスシティ近郊のミズーリ州インディペンデンスの親戚を頼って引っ越すことになる。

英語が喋れず、アメリカ生活に馴染めなかったプーホルスだが、野球の才能が彼を救った。地元のフォート・オーセージ高校に入学すると同時に野球部に入部。監督を務めていたデーブ・フライは「大きくて強そうな少年が笑顔で野球がプレーしたいと言ってきた。今思うと彼は野球の神様からの贈り物だった」と当時を振り返る。

入部すると、あまりの上手さに対戦相手から常に年齢詐称を疑われるほどだったプーホルスは、高校在学時代に2度、ミズーリ州の選抜に選出され、卒業後は地元のメイプル・ウッズ短期大学に進学した。

99年のドラフトでカージナルスから13位指名を受け、契約金1万ドルを提示されたが、低評価に不満を感じたプーホルスは契約を保留した状態でその年行われた大学選抜のサマーリーグに参加。そのサマーリーグで大活躍を見せたプーホルスに対してカージナルスは契約金を6万ドルに上乗せして再提示を行い、契約合意に至った。

輝かしいキャリアのスタート

入団1年目の2000年にカージナルスの最優秀マイナー選手を受賞したプーホル

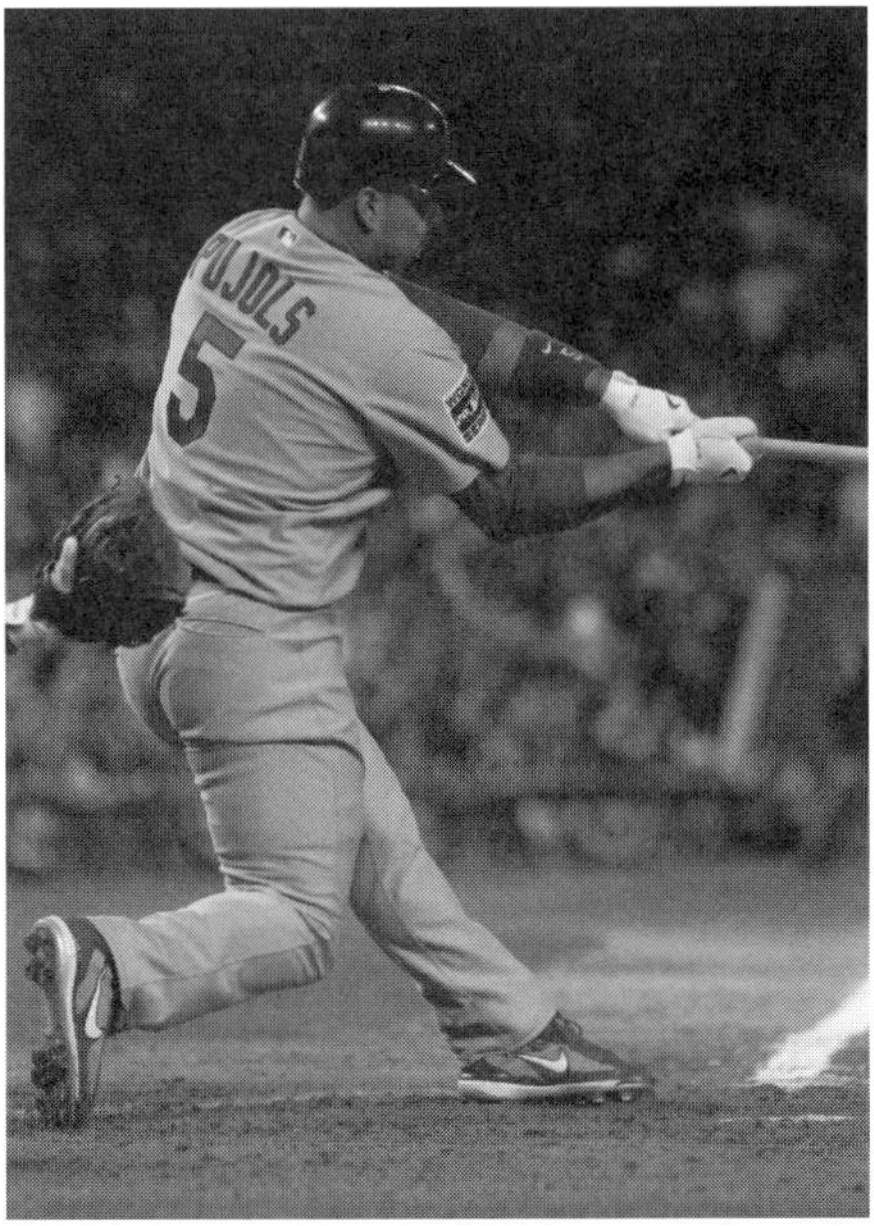

圧倒的な記録で打撃に目が行きがちだが、全盛期はフットワークやハンドリングのよさでゴールドグラブ賞も獲得している

スは01年の開幕戦、6番レフトでメジャーデビューを果たす。当時カージナルスの監督だった名将トニー・ラルーサは後に「ルーキーイヤーから現在まで、プーホルスはチームの勝利のためだけにプレーしてきた。出塁すれば勝つために何が必要かを考え、守備でも打撃でも勝つために必要なことを考えている。チャンスメイクが必要ならば逆方向にシングルヒットを打つ。ゲームのすべてにおいてプーホルスは完璧な選手だ」と絶賛した。

満票で新人王を獲得した翌年、80年代から90年代にかけて最高の安打製造機と称された殿堂入りの名選手トニー・グウィンは「打者としてのプーホルスには弱点がない。守備でも三塁、一塁、外野を守れる身体能力を持っている。現時点で最も優れた選手の一人と言えるだろう。彼のパフォーマンスが素晴らしすぎてデビュー2年目の22歳だということを忘れてしまう」と絶賛していた。

メジャー史上初となるデビューから2年連続の打率3割／30本塁打／100打点を記録。3割／30本塁打／100打点は最終的に10年連続となり、その間MVPを3度受賞。輝かしいキャリアを築いたカージナルスからFAとなり、11年12月7日に当時史上2番目の大型契約となる10年2億4000万ドルでエンゼルスと契約してプーホルスの第2章が始まった。

野球殿堂入り確実の社会的模範プレーヤー

エンゼルスでの第2章は、個人タイトルやチャンピオンリングを目指す戦いではなく、マイルストーンをクリアしていく章となった。14年4月22日に通算500本塁打。通算499号と500号を同じ試合で記録したのは、このときのプーホルスが史上初だった。同年9月6日にメジャー史上16人目となる通算2500安打／500本塁打

／1500得点を達成。17年6月3日にはメジャー史上9人目の通算600本塁打を史上初となる満塁本塁打で記録。2018年5月4日には通算3000安打を達成した。19年5月9日に史上4人目となる通算2000打点をマークすると、同年7月28日にはメジャー史上初となる650本塁打／650二塁打をクリア。通算3000安打／600本塁打／2000打点はハンク・アーロンとアレックス・ロドリゲスに次いでメジャー史上3人目となった。

「自分自身はパワーのあるラインドライブヒッターだと思っている。ボールを逆方向に打てるときは調子がいいとき。それがアルバート・プーホルスだ」

本人が語るように、本塁打に特化した打者ではない。20歳から42歳まで現役を続けたハンク・アーロンは、50本塁打以上を記録したシーズンはないが、毎年のように40本近い本塁打を打ち続けた。

プーホルスもアーロン同様に「太くて長い」キャリアを築いた好打者と言えるだろう。本人も予期せぬ形でエンゼルスを去ることになり、ドジャースに加入した21年。エンゼルスと契約した当時は、エンゼルスの帽子を被って殿堂入りすることに前向きな発言もあったプーホルスだが、常々「3000マイル離れた場所でプレーしていても、セントルイスはいつでも特別な場所。今でもセントルイスに家があり、オフシーズンは可能な限りセントルイスで過ごしている。毎日4万人近くのファンの前でプレーをして、カージナルスが勝利するために最善の努力を尽くしてきた。その結果、2個のチャンピオンリングを手に入れることができた」と語る。

おそらくカージナルスの帽子と共に殿堂に入ることになるプーホルスは「プレーする最大の動機はお金のためではなく、神様と家族のため。私は5人の子供のよき手本になることを常に考えている」という。

今後、プーホルスのようなキャリアを築く打者は出現しないかもしれない。そのプーホルスもユニフォームを脱ぎ、愛する家族のもとへ帰る日が近づいてきている。プーホルスの全盛期を見届けることができた野球ファンは幸運だったと思う。

年度	チーム	試合	打数	得点	安打	二塁打	三塁打	本塁打	打点	四球	三振	盗塁	打率	出塁率	長打率	OPS
2001	カージナルス	161	590	112	194	47	4	37	130	69	93	1	.329	.403	.610	1.013
2002	カージナルス	157	590	118	185	40	2	34	127	72	69	2	.314	.394	.561	.955
2003	カージナルス	157	591	**137**	**212**	**51**	1	43	124	79	65	5	**.359**	.439	.667	1.106
2004	カージナルス	154	592	**133**	196	51	2	46	123	84	52	5	.331	.415	.657	1.072
2005	カージナルス	161	591	**129**	195	38	2	41	117	97	65	16	.330	.430	.609	1.039
2006	カージナルス	143	535	119	177	33	1	49	137	92	50	7	.331	.431	**.671**	**1.102**
2007	カージナルス	158	565	99	185	38	1	32	103	99	58	2	.327	.429	.568	.997
2008	カージナルス	148	524	100	187	44	0	37	116	104	54	7	.357	.462	**.653**	**1.114**
2009	カージナルス	160	568	**124**	186	45	1	**47**	135	115	64	16	.327	**.443**	**.658**	**1.101**
2010	カージナルス	159	587	**115**	183	39	1	**42**	**118**	103	76	14	.312	.414	.596	1.011
2011	カージナルス	147	579	105	173	29	0	37	99	61	58	9	.299	.366	.541	.906
2012	エンゼルス	154	607	85	173	50	0	30	105	52	76	8	.285	.343	.516	.859
2013	エンゼルス	99	391	49	101	19	0	17	64	40	55	1	.258	.330	.437	.767
2014	エンゼルス	159	633	89	172	37	1	28	105	48	71	5	.272	.324	.466	.790
2015	エンゼルス	157	602	85	147	22	0	40	95	50	72	5	.244	.307	.480	.787
2016	エンゼルス	152	593	71	159	19	0	31	119	49	75	4	.268	.323	.457	.780
2017	エンゼルス	149	593	53	143	17	0	23	101	37	93	3	.241	.286	.386	.672
2018	エンゼルス	117	465	50	114	20	0	19	64	28	65	1	.245	.289	.411	.700
2019	エンゼルス	131	491	55	120	22	0	23	93	43	68	3	.244	.305	.430	.734
2020	エンゼルス	39	152	15	34	8	0	6	25	9	25	0	.224	.270	.395	.665
2021	エンゼルス	24	86	9	17	0	0	5	12	3	13	1	.198	.250	.372	.622
	ドジャース	85	189	20	48	3	0	12	38	11	32	1	.254	.299	.460	.759
メジャー通算(21年)		2971	11114	1872	3301	672	16	679	2150	1345	1349	116	.297	.375	.544	.919

※アミカケはリーグトップ

ミゲール・カブレラ

Miguel Cabrera

茶目っ気たっぷりなベネズエラの生きるレジェンド

文●AKI猪瀬

PROFILE

本名ホゼ・ミゲール・カブレラ。1983年4月18日、ベネズエラ生まれ。1999年7月にマーリンズと契約し、2003年6月に20歳でメジャーデビュー。翌年には早くもチームの主砲に成長。2007年12月の大型トレードでタイガースへ移籍し、翌年に初の本塁打王。2012年はカール・ヤストレムスキー以来45年ぶりとなる三冠王。この年から2年連続MVP、2011～15年の5年間で4度の首位打者に輝いた。2021年にベネズエラ出身選手初の通算500本塁打を達成。同国出身選手初の通算3000安打も目前に迫っている。MVP2回、首位打者4回、本塁打王2回、打点王2回、オールスター・ゲーム選出11回。2020年までにシルバースラッガー賞7回。193cm121kg、右投右打、一塁手／三塁手。

弱冠20歳での鮮烈なデビュー

１９３９年４月23日にアレックス・カラスケス投手がベネズエラ人として初めてメジャーデビューして以降、これまで４００人近くのベネズエラ人選手がメジャーリーグでプレーしてきた。ベネズエラ出身選手としては、１９８４年に中南米出身者として史上初となる殿堂入りを果たした名遊撃手のルイス・アパリシオを筆頭に、ゴールドグラブ賞５度受賞のデーブ・コンセプシオン遊撃手、同国出身者としては史上初となるメジャー球団の監督を務めたオジー・ギーエン遊撃手、「ビック・キャット」の愛称で慕われた強打者アンドレス・ガララーガ一塁手、ゴールドグラブ賞11度受賞の名遊撃手オマー・ビスケル、サイ・ヤング賞２度受賞の左腕ヨハン・サンタナ、現役では２０１７年ア・リーグＭＶＰのホゼ・アルトゥーベ二塁手など、数多くの名選手が名を連ねる。

その野球大国ベネズエラ出身で最も優れた選手は、間違いなくタイガースのミゲール・カブレラ一塁手になるだろう。現在までカブレラが記録した通算本塁打、通算安打、通算打点は同国出身者史上最多を誇る。

１９８３年4月18日、ベネズエラのアラグア州マラカイで生まれたカブレラ。「野球を始めた頃から僕のコーチは母親だった」という。父ミゲールは元野球選手で、カブレラが生まれた当時は現役で家を空けることが多く、ソフトボールの元ベネズエラ代表選手だった母グレゴリアが熱心にカブレラに野球を教えていた。成長するにつれて野球の才能も開花。10代前半にはメジャーの複数球団がすでにカブレラの動向をチェックしていたほどだ。

契約解禁となる16歳を迎えたカブレラのもとには、ヤンキースやドジャースなど数多くの球団からオファーが届き、争奪戦の末、ベネズエラのアマチュア選手としては当時史上最高額となる１８０万ドルの契約金でマーリンズと契約した。入団当初は「英語がわからず、家族と離れて生活するのが辛かった」というが、フィールドでは持ち前の才能を発揮し、２００３年6月30日のデビルレイズ戦でベネズエラ人史上１５３人目の選手として、弱冠20歳63日でメジャーデビューを果たした。

カブレラはその試合で延長11回裏にメジャー初本塁打をサヨナラ本塁打で記録する

という衝撃デビューを飾る。1900年以降、デビュー戦でのサヨナラ本塁打は史上3人目、延長戦でのサヨナラ本塁打は1972年のビリー・パーカー以来、史上2人目の快挙だった。

20歳のルーキーとしては及第点のレギュラーシーズンを過ごしたカブレラだが、ポストシーズンではカブスとのリーグ優勝決定シリーズで3本塁打、ヤンキースとのワールドシリーズでも豪腕ロジャー・クレメンスから本塁打を記録するなど、マーリンズ史上2度目のワールドシリーズ制覇に貢献する大活躍を見せた。2年目には外野のレギュラーを獲得して30本塁打、100打点、そして球宴初選出。この年に初めて記録したシーズン100打点は、2014年まで11年連続で記録された（史上5人目）。

自身はアベレージヒッターと自覚

07年12月4日、トレードでタイガースへ移籍。翌年の開幕前には8年1億5230万ドルの大型契約で合意する。同年はマーリンズ時代に獲得することができなかった本

21年9月に史上22人目となる1800打点をマークするなど、まだまだ現役選手として活躍を続けている

塁打王を初めて獲得し、カブレラのタイトル獲得ラッシュが始まった。10年に打点王、11年に首位打者。そして、迎えた12年。タイガースは相手チームのマークがカブレラに集中することを解消するためにブリュワーズからＦＡになった07年本塁打王、09年打点王の強打者プリンス・フィルダーを獲得した。

するとタイガースの思惑通りに3番カブレラ、4番フィルダーが機能して、カブレラは本塁打、打点を量産する。タイガースでは１９０９年のタイ・カッブ以来、メジャーリーグでは67年レッドソックスのカール・ヤストレムスキー以来となる三冠王を獲得し、ベネズエラ人として初のMVPを受賞した。2013年は史上初となる2年連続三冠王獲得のチャンスがあったが、最終的に手にしたのは3年連続首位打者と2年連続MVPの2つ。「自分ではアベレージヒッターだと思っている。ストライクゾーンだったら、インコース、アウトコース、高め、低め。速球でもカーブでもチャンジアップでも、スイングをして安打にすることができる」とカブレラは語る。14年に2度目の本塁打王、15年に4度目の首位打者を獲得したのが、2021年時点で最後の個人タイトル獲得となっている。

視界に入れた3000安打

17年に右足付け根を故障して以降、故障が増え、成績は年々下降線を辿っている。21年8月22日、史上28人目となる通算500本塁打を史上初めてカナダの球場で達成。499号の時点でホーム6連戦があっただけに、カブレラは「できることなら、ホームのコメリカ・パークでタイガースファンの前で打ちたかった」と悔やしそうに話した。

21年はメジャーリーグ史上初となる同一シーズンで通算500本塁打、3000安打達成の可能性があったが、2987安打でシーズンを終え、残念ながらカブレラの3000安打達成は22年以降に持ち越しとなった。

「野球をプレーすることが大好き。誰かにユニフォームを脱がされるまでプレーを続けたい。自分から辞めるとは言わない」

年齢を重ね、数多くのタイトルを獲得した時代と比べると、明らかにパフォーマンスの質が落ちてきているが、「自分自身のベストを尽くしてプレーをする。そして、楽しんでプレーをする」という信条とフィールドで見せる茶目っ気たっぷりの笑顔は、現在も20歳のときと何ら変わらない。そして、近い将来、クーパーズタウンで行われる殿堂入り記念スピーチでも、愛嬌たっぷりの笑顔を見せてくれるに違いない。

年度	チーム	試合	打数	得点	安打	二塁打	三塁打	本塁打	打点	四球	三振	盗塁	打率	出塁率	長打率	OPS
2003	マーリンズ	87	314	39	84	21	3	12	62	25	84	0	.268	.325	.468	.793
2004	マーリンズ	160	603	101	177	31	1	33	112	68	148	5	.294	.366	.512	.879
2005	マーリンズ	158	613	106	198	43	2	33	116	64	125	1	.323	.385	.561	.947
2006	マーリンズ	158	576	112	195	50	2	26	114	86	108	9	.339	.430	.568	.998
2007	マーリンズ	157	588	91	188	38	2	34	119	79	127	2	.320	.401	.565	.965
2008	タイガース	160	616	85	180	36	2	**37**	127	56	126	1	.292	.349	.537	.887
2009	タイガース	160	611	96	198	34	0	34	103	68	107	6	.324	.396	.547	.942
2010	タイガース	150	548	111	180	45	1	38	**126**	89	95	3	.328	**.420**	.622	1.042
2011	タイガース	**161**	572	111	197	**48**	0	30	105	108	89	2	**.344**	**.448**	.586	1.033
2012	タイガース	161	622	109	205	40	0	**44**	**139**	66	98	4	**.330**	.393	**.606**	**.999**
2013	タイガース	148	555	103	193	26	1	44	137	90	94	3	**.348**	**.442**	**.636**	**1.078**
2014	タイガース	159	611	101	191	**52**	1	25	109	60	117	1	.313	.371	.524	.894
2015	タイガース	119	429	64	145	28	1	18	76	77	82	1	**.338**	**.440**	.534	.974
2016	タイガース	158	595	92	188	31	1	38	108	75	116	0	.316	.393	.563	.956
2017	タイガース	130	469	50	117	22	0	16	60	54	110	0	.249	.329	.399	.728
2018	タイガース	38	134	17	40	11	0	3	22	22	27	0	.299	.395	.448	.843
2019	タイガース	136	493	41	139	21	0	12	59	48	108	0	.282	.346	.398	.744
2020	タイガース	57	204	28	51	4	0	10	35	24	51	1	.250	.329	.417	.746
2021	タイガース	130	472	48	121	16	0	15	75	40	118	0	.256	.316	.386	.701
メジャー通算(19年)		2587	9625	1505	2987	597	17	502	1805	1199	1930	39	.310	.387	.532	.920

※アミカケはリーグトップ

ノーラン・アレナード

Nolan Arenado

猛練習でつかんだ『現役最強三塁手』の称号

文●ＡＫＩ猪瀬

PROFILE

本名ノーラン・ジェームス・アレナード。1991年4月16日、カリフォルニア州生まれ。2009年ドラフト2巡目（全体59位）でロッキーズに指名されてプロ入りし、2013年にメジャーデビュー。強肩好守を武器にレギュラー定着を果たし、いきなりゴールドグラブ賞。メジャー3年目の2015年には打撃面でも急成長を遂げ、本塁打と打点の二冠。この年から5年連続で37本塁打以上かつ110打点以上。2021年2月の大型トレードでカージナルスへ移籍。デビューからの8年連続ゴールドグラブ賞はイチロー（10年連続）に次ぐ歴代2位。本塁打王3回、打点王2回、オールスター・ゲーム選出6回。2020年までにシルバースラッガー賞4回、ゴールドグラブ賞8回。188cm97kg、右投右打、三塁手。

プロ入り前はとにかく守備が下手だった

現役最強の三塁手と称されるセントルイス・カージナルスのノーラン・アレナード。2021年はデビューから9年目のシーズンとなったが、果たして彼が引退するときには、ファンはどんなイメージをアレナードに対して思い浮かべるのだろうか。

彼は、キューバ出身の父フェルナンドとプエルトリコ系アメリカ人としてニューヨーク州クイーンズで生まれ育った母ミリーの次男として1991年4月16日にカリフォルニア州ニューポート・ビーチで生まれた。熱狂的なドジャース・ファンとして育ち、本人曰く「3歳の頃から、おもちゃは野球のボールだった」。2006年の第一回WBC決勝、日本対キューバ。アレナードは当時を振り返り、「自宅の裏庭でキューバ人の父親の友達が大勢集まり、全員でキューバを応援していた。しかし、残念ながら日本に負けた。悔しかった。もしかすると、10代前半の出来事で一番悔しかった瞬間かもしれない。しかし、メジャーリーガーになって、自分でもWBCを経験して、いかに当時の日本代表が優れていたかを再認識した」と語る。

地元のエル・トロ高校に進学したアレナードは、遊撃手として活躍。同学年にはヤンキースからドラフト指名を受けたオースティン・ロマイン、2学年下にはアスレチックスで活躍しているマット・チャップマンがチームに在籍していた。アレナードが3年生の時に全米屈指の強豪校がひしめく南カリフォルニア地区の大会で優勝。アレナードは、この大会の活躍が評価されて地元の有名新聞ロサンゼルス・タイムズ紙が選出する南カリフォルニア高校ベストチームに2年連続で選出された。

当時を知るチャップマンは、「とにかく、すべてにおいて凄かった。ノーランのような選手が高卒でプロ入りできる選手だと思った。だから、自分は大学進学を選択した」と高校時代の先輩の凄さを語っている。

大学球界の名門アリゾナ州立大学からスカラシップ（奨学金）の申し出があり、進学が内定していたアレナードだが、2009年のドラフトでロッキーズから2巡目指名を受けると、進学を断ってプロ入り。プロ入り後、三塁手にコンバートされた。今では想像することすら難しいが、「三塁にコンバートされたこともあったが、とにかく守備が下手だった。守備力を向上させるために毎日、一番早く球場に入り、守備の特訓を受けていた。そして、当時は体重が107キロで全然、俊敏な動きができなかった」という。プロ1年目が終わり、約9キロの減量に成功したアレナードの守備力は、練習の成果もあり、年々飛躍的に向上。打撃に関してはプロ入り3年目となる2011年に1Aでマイナー全体1位となる122打点を記録し、その年のアリゾナ秋季リーグではMVPを受賞するなど、早くから非凡な才能を見せていた。

デビューから8年連続ゴールドグラブ賞は内野手史上初

開幕を3Aのコロラドスプリングスで迎えた2013年、早々にメジャーデビューのチャンスが巡ってきた。同年4月28日のダイヤモンドバックス戦、7番サードでメジャーデビュー。翌29日にメジャー初本塁打を含む3安打の活躍。そして、迎えた5月4日、メジャー6試合目。7回裏に前年サイ・ヤング賞を受賞したレイズのデービッド・プライスからキャリア初となる満塁本塁打を記録。シーズン最後まで三塁のレギュラーを死守したアレナードだったが、新人王投票では7位。しかし、ネームバリューと実績が必要とされるゴールドグラブ賞をルーキーながら獲得。ナ・リーグの新人三塁手がゴールドグラブ賞を受賞したのは、アレナードが最初で最後である。

デビュー2年目はスライディングの際に左手中指を骨折した影響で精彩を欠いたが、球団記録の28試合連続安打をマーク。そして、2015年に打者として大ブレイク。球団記録の6試合連続本塁打を記録するなど、三塁手のメジャー新記録となるシーズン89長打に加えて本塁打と打点の二冠を獲得。球団史上最年少で通算100号を記録した2016年も2年連続の二冠王に輝いた。

現役メジャー屈指の打撃のみならず、守備でもメジャーを代表する選手として知られている

その後も攻守で活躍を続け、本塁打王3回はナ・リーグ史上12人目。40本塁打3回はメジャーの三塁手史上4人目。3年連続35本塁打、130打点、80長打は三塁手史上初。そして、デビューから8年連続ゴールドグ

ラブ賞は内野手史上初の快挙と、まさに現役最強の三塁手に成長した。

三塁手の通算最多本塁打更新の期待がかかる

三塁手で通算最多本塁打記録を保持しているのは、548本塁打のマイク・シュミット。打点はエイドリアン・ベルトレイの1707打点。ゴールドグラブ賞の最多受賞記録は、ブルックス・ロビンソンの16回。アレナードは引退するまでにシュミットの本塁打、ベルトレイの打点、そして、ロビンソンの受賞記録に迫る、もしくは更新する活躍が期待されている。

果たして、アレナードが引退したときに、「史上最も守備が上手かった三塁手」「史上最も長打力があった三塁手」「史上最も勝負強かった三塁手」と称されるのか、それとも「攻守に秀でた史上最強の三塁手」と呼ばれるのか。メジャーリーガーとして不動の地位を手に入れたアレナードだが、「まだまだ、野球が上手くなりたい」と語り、シーズンオフには毎年、自らに新たな課題を課して、猛練習を続けている。

年度	チーム	試合	打数	得点	安打	二塁打	三塁打	本塁打	打点	四球	三振	盗塁	打率	出塁率	長打率	OPS
2013	ロッキーズ	133	486	49	130	29	4	10	52	23	72	2	.267	.301	.405	.706
2014	ロッキーズ	111	432	58	124	34	2	18	61	25	58	2	.287	.328	.500	.828
2015	ロッキーズ	157	616	97	177	43	4	**42**	**130**	34	110	2	.287	.323	.575	.898
2016	ロッキーズ	**160**	618	116	182	35	6	**41**	**133**	68	103	2	.294	.362	.570	.932
2017	ロッキーズ	159	606	100	187	**43**	7	37	130	62	106	3	.309	.373	.586	.959
2018	ロッキーズ	156	590	104	175	38	2	**38**	110	73	122	2	.297	.374	.561	.934
2019	ロッキーズ	155	588	102	185	31	2	41	118	62	93	3	.315	.379	.583	.962
2020	ロッキーズ	48	182	23	46	9	0	8	26	15	20	0	.253	.303	.434	.738
2021	カージナルス	157	593	81	151	34	3	34	105	50	96	2	.255	.312	.494	.807
メジャー通算(9年)		1236	4711	730	1357	296	30	269	865	412	780	18	.288	.345	.535	.880

※アミカケはリーグトップ

ホームランが野球を変えた時代

1920－1930年代

出塁、果敢な走塁、そしてホームイン――。これが野球の攻撃のイメージだった。

しかし、ヤンキースのベーブ・ルースによって、それが根底から覆ってしまう。

高々と打ち上げた打球がフェンスを越えれば、走塁もなにもない。

その美しい放物線に魅了されて、山のようなファンが球場に詰めかけるようになると、
他球団にもそうしたホームラン打者が次々に現れるようになった。

ルースの同僚ルー・ゲーリッグ、「右打ちのベーブ」の異名を取ったジミー・フォックス。

空を舞う強烈な弾道は、アメリカの近代文化の礎となった。

Babe Ruth

ベーブ・ルース

伝説の〝元祖二刀流〟強烈過ぎたホームランという革命

文●福島良一

PROFILE

本名ジョージ・ハーマン・ルース。1895年2月6日、メリーランド州生まれ。1914年にマイナー球団のボルティモア・オリオールズと契約し、同年7月にレッドソックスへ移籍。当初は投手として活躍し、メジャー3年目の1916年には最優秀防御率のタイトルを獲得。次第に強打を発揮するようになり、1918年に初の本塁打王。1919年12月、12万5000ドルと引き換えにヤンキースへ移籍。1927年に自己最多の60本塁打を放つなど球史に残るスーパースターとなる。ブレーブスでプレーした1935年を最後に現役引退。MVP1回、首位打者1回、本塁打王12回、打点王6回、オールスター・ゲーム選出2回。最優秀防御率1回。1936年アメリカ野球殿堂入り。188cm97kg、左投左打、外野手／投手。1948年8月16日没。

誰よりも大食いで、誰よりも遠くへボールを飛ばす

1914年、当時19歳のベーブ・ルースは将来有望な左投手としてレッドソックスに入団。チームの先輩たちに「行儀作法は知らず、図体ばかりが育ち過ぎたグリーンピースのようだ」と言われた。それでも主力投手として大活躍し、18年のワールドシリーズでは29回⅓連続無失点という記録も作った。

彼は投手だけでなくバッティングにも非凡な才能を持ち、投げるのも打つのも好きだった。そこで18年頃から登板しないときには持ち前の打力を生かすために外野手や一塁手として出場。20世紀初頭に球界最高のパワーヒッターと謳われた「シューレス・ジョー・ジャクソンのスイングを手本にした」と言われる。

その年、ルースは投打の二刀流として13勝7敗、11本塁打を記録し、初の「2ケタ勝利、2ケタ本塁打」に加えてホームラン王も獲得。翌19年は自己最多の29本塁打を放った。「飛ばないボールの時代」にこれほど多くの本塁打を打つバッターは存在せず、「誰よりも大食いで、誰よりも遠くへボールを飛ばした」という。

プロ入り前に捕手から投手に転向し、レッドソックスとヤンキース時代に通算94勝（46敗）を挙げている

そこでヤンキースがルースに目を付け、20年1月にレッドソックスから当時としては破格の12万5000ドルというトレードマネーで獲得。以後、ルースは打者に専念し、新天地でいきなり54本塁打。それはア・リーグ合計369本塁打の約14・6％を占め、どのチームよりも多いホームランを一人で記録した。

ヤンキースは史上空前の観客100万人以上を動員。それまで見たこともない大きな打球にファンが熱狂し、野球に興味を持たない人々までが球場へ押し寄せた。それによってチームは莫大な収入を得て、23年に国内最大7万4000人収容のヤンキー・スタジアムが完成。別名「ルースが建てた家」と呼ばれた。

こうしてルースは球界に革命を起こし、「ホームラン時代」が到来。また、豪快な一発で名誉を手に入れただけでなく、他の強打者も次々に生み出した。当時のミラー・ハギンス監督は「正統派の研究家はタイ・カッブの野球を好むだろうが、ルースは万人の心を捉える。皆、ホームランを打つ選手が好きだ」と言った。

27年には前人未到の60本塁打を記録。その後、61年にロジャー・マリス（ヤンキース）が61本を放つまで、誰にも破られなかった。ちなみに、ルースの時代は１５４試合制だったのに対し、マリスは１６２試合制だったため、61本塁打は30年間も公式記録として認められなかった。それほどルースの偉大な記録は神聖なものだった。

ワールドシリーズでの予告ホームラン

こうした数々のホームランの中で最も有名なのは、32年のワールドシリーズで打った「予告ホームラン」だろう。本拠地でヤンキースが２連勝したあと、敵地シカゴのリグリー・フィールドで迎えた第3戦。カブスの先発チャーリー・ルートに対し、初回に3番ルースが先制3ラン。ヤジを浴びせながらベースを一周した。

5回表にルースに再び打順が回ってくると、カブスのダグアウトや観客席から激しいヤジが飛んだ。それに対し、ルースの「この一発で決めてやる」という声がキャッチャーに聞こえた。そのときカブスのダグアウトか、あるいはセンター後方の外野席を指したのか定かでないが、予告通りホームランを打った。

それもありきたりのホームランでなかった。14年に同球場がオープンして以来、一度も見たことがないようなセンターの一番深いところへ伸びる特大アーチだった。当時、米国の大統領に立候補したフランクリン・ルーズベルトがネット裏で観戦。彼はルースがホームインするのを見ると、そっくり返って笑ったらしい。

34年11月に大リーグ選抜チームの一員として初来日し、全日本などを相手に18試合で13本塁打と活躍。ところが、帰国後に球団から戦力外通告を受け、40歳でブレーブスに移籍。35年にはピッツバーグで1試合3本塁打を放ち、最後の通算714号はライト場外へ。それが、ルースが野球に別れを告げる一打となった。

今までも、そしてこれからも、ルースはホームランを象徴する存在であり続ける

死してなお伝説のフライボールが甦る

48年にルースは53歳で亡くなったが、死後に再び脚光を浴びたことがある。65年にテキサス州ヒューストンに世界初の屋根付き球場アストロ・ドームがオープン。その新球場建設にあたって、建設業者の頭を悩ませたのが屋根の高さだった。何しろ、当時「世界8番目の不思議」と言われたぐらい前例がなかったからだ。

そのとき、彼らが閃いたのは史上最高のフライボールヒッター、ルースが生前に放った大飛球だった。ある日、本拠地球場の試合で高々と内野フライを打ち上げた。ようやく打球が落ちてきて内野手のグラブに収まったとき、すでに俊足のルースは三塁まで達していたという。それぐらい高く上がった打球だった。

それを若い頃に記者席から見ていたベテラン記者が「外野席後方の煙突と同じぐらいの高さに上がった」と証言。その煙突の高さが210フィート（約64メートル）だったため、アストロ・ドームの最高部を208フィート（約63メートル）に設定。当時、最高の名ノッカーと言われたエド・ローバックがいくら打っても届かなかったという。

年度	チーム	試合	打数	得点	安打	二塁打	三塁打	本塁打	打点	四球	三振	盗塁	打率	出塁率	長打率	OPS
1914	レッドソックス	5	10	1	2	1	0	0	2	0	4	0	.200	.200	.300	.500
1915	レッドソックス	42	92	16	29	10	1	4	21	9	23	0	.315	.376	.576	.952
1916	レッドソックス	67	136	18	37	5	3	3	15	10	23	0	.272	.322	.419	.741
1917	レッドソックス	52	123	14	40	6	3	2	12	12	18	0	.325	.385	.472	.857
1918	レッドソックス	95	317	50	95	26	11	**11**	66	58	**58**	6	.300	.411	**.555**	**.966**
1919	レッドソックス	130	432	**103**	139	34	12	**29**	**114**	101	58	7	.322	**.456**	**.657**	**1.114**
1920	ヤンキース	142	458	**158**	172	36	9	**54**	**137**	**150**	80	14	.376	**.532**	**.847**	**1.379**
1921	ヤンキース	152	540	**177**	204	44	16	**59**	**171**	**145**	81	17	.378	**.512**	**.846**	**1.359**
1922	ヤンキース	110	406	94	128	24	8	35	99	84	80	2	.315	.434	**.672**	**1.106**
1923	ヤンキース	152	522	**151**	205	45	13	**41**	**131**	**170**	**93**	17	.393	**.545**	**.764**	**1.309**
1924	ヤンキース	153	529	**143**	200	39	7	**46**	121	**142**	**81**	9	**.378**	**.513**	**.739**	**1.252**
1925	ヤンキース	98	359	61	104	12	2	25	66	59	68	2	.290	.393	.543	.936
1926	ヤンキース	152	495	**139**	184	30	5	**47**	**146**	**144**	76	11	.372	**.516**	**.737**	**1.253**
1927	ヤンキース	151	540	**158**	192	29	8	**60**	164	**137**	**89**	7	.356	**.486**	**.772**	**1.258**
1928	ヤンキース	154	536	**163**	173	29	8	**54**	**142**	**137**	**87**	4	.323	.463	**.709**	**1.172**
1929	ヤンキース	135	499	121	172	26	6	**46**	154	72	60	5	.345	.430	**.697**	**1.128**
1930	ヤンキース	145	518	150	186	28	9	**49**	153	**136**	61	10	.359	**.493**	**.732**	**1.225**
1931	ヤンキース	145	534	149	199	31	3	**46**	163	**128**	51	5	.373	**.495**	**.700**	**1.195**
1932	ヤンキース	133	457	120	156	13	5	41	137	**130**	62	2	.341	**.489**	.661	1.150
1933	ヤンキース	137	459	97	138	21	3	34	103	**114**	90	4	.301	.442	.582	1.023
1934	ヤンキース	125	365	78	105	17	4	22	84	104	63	1	.288	.448	.537	.985
1935	ブレーブス	28	72	13	13	0	0	6	12	20	24	0	.181	.359	.431	.789
メジャー通算(22年)		2503	8399	2174	2873	506	136	714	2213	2062	1330	123	.342	.474	**.690**	**1.164**

※アミカケはリーグトップ

ルー・ゲーリッグ

Lou Gehrig

ルースと肩を並べ難病の悲劇に散った〝アイアン・ホース〟

文●福島良一

PROFILE

本名ヘンリー・ルイス・ゲーリッグ。1903年6月19日、ニューヨーク州生まれ。1923年4月にヤンキースと契約し、1925年から1939年にかけて2130試合連続出場を記録。「アイアン・ホース（鉄の馬）」と呼ばれ、1934年に三冠王に輝くなどヤンキースの4番打者として活躍。ところが、筋萎縮性側索硬化症という難病を患い、1939年7月4日に引退セレモニーを実施。背番号4は史上初の永久欠番となった。特例により1939年に史上最年少（当時）でアメリカ野球殿堂入り。1941年6月2日、37歳で死去。メジャーリーグでは2021年シーズンから6月2日に「ルー・ゲーリッグ・デー」を開催。MVP2回、首位打者1回、本塁打王3回、打点王5回、オールスター・ゲーム選出7回。183cm90kg、左投左打、一塁手。1941年6月2日没。

ルースとともに史上最強の3、4番コンビを形成

1903年にニューヨークでルー・ゲーリッグは生まれた。ドイツ系移民の両親に大切に育てられた内気で優しい子だった。大リーグの球団から高校時代にスカウトされたが、母の願いで建築家を目指すためコロンビア大に進学。しかし、2年のときにヤンキースから巨額の提示を受け、野球の道を選んだ。

23年から最初の2年間は主に代打や守備固めでわずか23試合の出場に留まったが、25年6月1日にウォーリー・ピップ一塁手が練習中、頭部にボールを受けて欠場。代わって当時22歳の新人ゲーリッグが抜擢され、強打の一塁手としてレギュラーに定着。それは偉大な連続試合出場記録の始まりでもあった。

当時、ヤンキースはミラー・ハギンス監督のもと第1期黄金時代が到来。その常勝軍団でベーブ・ルースと史上最強の3、4番コンビを組み、ホームラン王ルースの援護砲として13年連続100打点を叩き出すなど無類の勝負強さを発揮。大リーグでルースに次ぐ偉大なスラッガーとして君臨するようになった。

27年は当時球団記録の110勝と圧倒的な強さで世界一となり、史上最強チームと謳われた。また、俗に「マーダラーズ・ロー（殺人打線）」と呼ばれた強力打線を誇り、ルースが前人未到の60本塁打、ゲーリッグが47本塁打をマーク。これはア・リーグ合計439本塁打の4分の1近くを2人で打った計算になる。

ちなみに、その年ア・リーグMVPに輝いたのはルースでなく、ゲーリッグだった。それまでルース以外に誰も記録したことがなかった47本塁打に加え、ルースを上回る打率3割7分3厘、175打点を叩き出し、初めて打点王のタイトルを獲得。相手チームにとって、これほど恐ろしいコンビもなかった。

日本の伝説の名投手から決勝ホーマー

しかし、これほど何から何まで対照的な2人も珍しかった。陽気なルースは大酒飲みで女遊びが絶えず、大金を湯水のように使う派手な生活ぶり。一方、物静かな性格のゲーリッグはエリナー夫人を生涯守り続け、慎ましい生活態度を変えず。勤勉な努

大打者のルースとともにプレーしながら、通算1995打点（歴代6位）、満塁本塁打23本はメジャー歴代2位。偉大な成績を残した

力に敬意を表し、「アイアン・ホース（鉄の馬）」と呼ばれた。

　ゲーリックがワールドシリーズで通算10本のホームランを打ったかと思えば、ルースは15本塁打をマーク。通算打率・３４０を残せば、ルースは・３４２をマーク。通算４９３本塁打を放てば、ルースは当時不滅の大記録と言われた７１４本塁打をマーク。何かにつけてルースの陰に隠れた存在だった。

　それでも、32年６月３日のアスレチックス戦でルースも達成できなかった１試合４本塁打。34年には球団史上初の三冠王を獲得。11月に大リーグ選抜チームの一員としてルースらと共に来日し、静岡県の草薙球場で当時17歳の沢村栄治投手から決勝ホームランを放って１対０で勝利。いまだに語り草となっている。

そして、25年にレギュラーの一塁手となって以来、1試合も休まずに連続出場記録を打ち立てていった。「どうして休みを取らないのか？」という問いに、本人は「私は野球を愛しているんだ。ベンチに座っていたんじゃ、苛立って仕方ないんだ」と答えた。その無類の耐久力はまさに「鉄人」のようだった。

全米に衝撃を与えたニュース

そんなゲーリッグにもピンチが訪れた。34年のある日は朝から頭痛がひどく、遠征先のホテルでベッドから起き上がれない状態。そこで一計を案じたジョー・マカーシー監督は本人を球場まで連れていき、左投げなのに「1番・遊撃手」でスタメン起用。1回表にヒットを打つと代走に交代。連続出場記録が救われた。

しかし、39年の春季キャンプでゲーリッグは怠そうにプレー。新聞記者たちは大スターの異変を目の当たりにした。いざシーズンが始まっても打てず、4月中はシングルヒット4本だけ。打撃練習中、後輩のジョー・ディマジオは「ゲーリッグが遅い球を10球続けて空振りするのを目撃して愕然とした」という。

そして、遂に5月1日、自らマカーシー監督に「今日は休ませてほしい」と申し出て先発メンバーから外れた。ゲーリッグはチームメイトを失望させることに耐えられず、「チームのためだ」と言ってベンチに下がったのだ。こうして、当時不滅と言われた大記録は2130試合連続出場でピリオドを打つことになった。

6月に市内の病院で精密検査を受けた結果、「筋萎縮性側索硬化症」と診断。担当医師は「彼が現役選手としてプレーを続けることは不可能であろう」と述べ、ゲーリッグは妻宛てに「道の終わりが近付いているのかもしれない」と手紙を書いた。ゲーリッグが不治の病にかかったというニュースは全米中に衝撃を与えた。

7月4日の米国独立記念日。本拠地ヤンキー・スタジアムでは盛大に「ゲーリッグ・デー」が催され、ゲーリッグに感謝の気持ちを伝えるため6万2000人もの観客が来場。かつて同僚だったルースも駆け付けた。そのセレモニーで「私は地球上で一番の幸せ者です」という名言を残し、静かにグラウンドから姿を消した。

それから2年後、ゲーリッグは37歳の若さでこの世を去った。

年度	チーム	試合	打数	得点	安打	二塁打	三塁打	本塁打	打点	四球	三振	盗塁	打率	出塁率	長打率	OPS
1923	ヤンキース	13	26	6	11	4	1	1	9	2	5	0	.423	.464	.769	1.234
1924	ヤンキース	10	12	2	6	1	0	0	5	1	3	0	.500	.538	.583	1.122
1925	ヤンキース	126	437	73	129	23	10	20	68	46	49	6	.295	.365	.531	.896
1926	ヤンキース	155	572	135	179	47	**20**	16	112	105	73	6	.313	.420	.549	.969
1927	ヤンキース	**155**	584	149	218	**52**	18	47	**175**	109	84	10	.373	.474	.765	1.240
1928	ヤンキース	154	562	139	210	**47**	13	27	**142**	95	69	4	.374	**.467**	.648	1.115
1929	ヤンキース	154	553	127	166	32	10	35	126	122	68	4	.300	.431	.584	1.015
1930	ヤンキース	**154**	581	143	220	42	17	41	**174**	101	63	12	.379	.473	.721	1.194
1931	ヤンキース	155	619	**163**	**211**	31	15	**46**	**184**	117	56	17	.341	.446	.662	1.108
1932	ヤンキース	**156**	596	138	208	42	9	34	151	108	38	4	.349	.451	.621	1.072
1933	ヤンキース	152	593	**138**	198	41	12	32	139	92	42	9	.334	.424	.605	1.030
1934	ヤンキース	**154**	579	128	210	40	6	**49**	**165**	109	31	9	**.363**	**.465**	**.706**	**1.172**
1935	ヤンキース	149	535	**125**	176	26	10	30	119	**132**	38	8	.329	**.466**	.583	1.049
1936	ヤンキース	**155**	579	**167**	205	37	7	49	152	**130**	46	3	.354	**.478**	**.696**	**1.174**
1937	ヤンキース	**157**	569	138	200	37	9	37	159	**127**	49	4	.351	**.473**	.643	**1.116**
1938	ヤンキース	**157**	576	115	170	32	6	29	114	107	75	6	.295	.410	.523	.932
1939	ヤンキース	8	28	2	4	0	0	0	1	5	1	0	.143	.273	.143	.416
メジャー通算(17年)		2164	8001	1888	2721	534	163	493	1995	1508	790	102	.340	.447	.632	1.080

※アミカケはリーグトップ

ジミー・フォックス

怪力豪打で相手投手を震え上がらせた〝右打ちのルース〟

Jimmie Foxx

文●福島良一

PROFILE

本名ジェームス・エモリー・フォックス。1907年10月22日、メリーランド州生まれ。1924年7月に16歳でアスレチックスに入団し、翌年5月に17歳でメジャーデビュー。強打の一塁手として頭角を現し、1932年に自己最多の58本塁打、翌年は三冠王。1935年12月のレッドソックス移籍後も活躍したが、アルコール依存症などにより成績が悪化して1942年6月にカブスへ放出。この年限りで一度は引退したが、現役復帰して1944年はカブス、1945年はフィリーズでプレー。1967年7月21日、59歳で死去。MVP3回、首位打者2回、本塁打王4回、打点王3回、オールスター・ゲーム選出9回。1951年アメリカ野球殿堂入り。183cm88kg、右投右打、一塁手。1967年没。

ルース越えも視界に入れたが……

１９０７年、米東部メリーランド州の農家にジミー・フォックスは生まれた。天性の腕っぷしの強さを見込まれ、14歳の頃からセミプロチームでプレー。マイナーリーグで監督を務めていた往年の名選手、ホームラン・ベイカーに見い出され、入団テストに合格。17歳のとき高校2年で中退してプロ入りした。

25年にフィラデルフィア・アスレチックスでデビュー。当時は左の強打者に有利な球場が多い中、29年から12年連続30本塁打以上、現役引退時はベーブ・ルースに次ぐ歴代2位の通算５３４本塁打をマーク。伝説のホームラン王、ルースに匹敵するほどのパワーヒッターだったことから「右のルース」と呼ばれた。

そのアスレチックス時代は、50年間も指揮を執ることになるコニー・マック監督のもと、のちに殿堂入りするアル・シモンズ外野手と3、4番コンビを組み、29年からア・リーグ3連覇、うち29、30年とワールドシリーズ2連覇を達成。32、33年と2年連続でＭＶＰに輝き、33年には三冠王を獲得するなど絶頂期だった。

誰よりも速いスイングで右打席からホームランを量産し、
「右のルース」や「ザ・ビースト」と呼ばれた

特に、32年は8月末までに51本塁打をマーク。27年にベーブ・ルースが記録した前人未到の60本塁打を抜くのは時間の問題と思われた。ところが、9月に入って極度のスランプに陥り、わずか2本しか上乗せできず。ようやく、最後の5試合で5本塁打と踏ん張りを見せたが、58本塁打でシーズンを終えた。

それについて、多くの人々は「ルースが持つ偉大な記録のプレッシャーに押し潰された」と思った。しかし、本人と親しい新聞記者によると、「9月に自宅の中を整理整頓するため脚立に上がっていたところ、その脚立が突然壊れて落下し、右手首を負傷。しばらくフルスイングできない状態だった」という。

それと彼にとって不運だったのは、クリーブランドやセントルイスの球場にルースが60本塁打を放った当時なかった高いフェンスが設置されたこと。野球史家のフレデリック・リーブは「そのフェンスに直撃した打球が８本あったから実質66本だ」と主張。他に悪天候によるノーゲームでホームランを２本も損した。

〝打撃の神様〟も仰天の一打

ＦＯＸＸという名前の綴りから通称「ダブルＸ」、またの名を「ザ・ビースト（野獣）」と呼ばれるフォックスにとって最大の特徴はスイングの速さ。当時、ヤンキースの名捕手だったビル・ディッキーは「たとえ目を瞑っていても彼のスイングはわかる。誰よりもスイングが速いし、音が違っていた」と証言する。

したがって、ルースが高々と大きな弧を描くホームランを打つのとは対照的に、フォックスは「目にも止まらぬ速さで外野スタンドに打球が突き刺さった」という。当時のファンも「彼ほど速い打球を飛ばせるバッターはいなかった」と表現した。そういう意味ではルースの僚友、ルー・ゲーリッグを右打ちにした感じだ。

その打球の速さもさることながら、飛距離にも目を見張るものがあった。40年5月14日、レッドソックス時代にシカゴのコミスキー・パークでレフトへ超特大ホームラン。それは外野2階席の屋根を越え、「600フィート（約182メートル）は飛んだ」と言われる。同僚の〝打撃の神様〟テッド・ウィリアムスも仰天したとか。

ちなみに、53年に首都ワシントンのグリフィス・スタジアムでヤンキースのミッキー・マントルが左中間場外へ超特大ホームラン。それを球団広報担当のレッド・パターソンが巻尺で測ったところ、史上最長飛距離565フィート（約172メートル）を記録。その〝テープメジャーショット〟を優に超えたことになる。

一試合で全ポジションを守った万能型

大リーグでデビューした当時は捕手だったが、頑丈な身体を生かすため一塁手に転向。さらに三塁手もこなし、果ては外野手から遊撃手、投手まで経験。合計7つのポジションをこなすなど万能選手として鳴らした。34年に大リーグ選抜チームの一員として来日したときも、ある試合で9つのポジションすべてをこなしたという。

36年にアスレチックスからレッドソックスへ移籍した後もホームランを量産。しかし、41年以降はアルコール依存症や不眠症を患い、成績が下降。42年途中にカブスへ放出され、最後は45年にフィラデルフィアを本拠地とするフィリーズで現役引退。もし酒に溺れなければ、ルースの通算714本塁打を超えたとも言われる。

ただし、お金には無頓着で、33年にア・リーグ三冠王に輝いたときも年俸1万6000ドルの提示を不景気な世の中だからと1万2000ドルで契約更改。遠征先のホテルでは食事や電話、クリーニング代をすべて自分で払う気前のよさ。現役引退後はゴルフ場開発に出資して失敗。晩年は失業保険で生活したという。

その苦しい生活からか、52年に全米女子プロ野球リーグでフォートウェイン・デイジーズの監督に就任。映画『プリティ・リーグ』(92年)では、大リーグ時代に首位打者や本塁打王を獲得し、ロックフォード・ピーチーズを率いるジミー・ドゥーガン監督役を演じた俳優トム・ハンクスのモデルとされた。

しかし、67年に59歳の若さでこの世を去った。

年度	チーム	試合	打数	得点	安打	二塁打	三塁打	本塁打	打点	四球	三振	盗塁	打率	出塁率	長打率	OPS
1925	アスレチックス	10	9	2	6	1	0	0	0	0	1	0	.667	.667	.778	1.444
1926	アスレチックス	26	32	8	10	2	1	0	5	1	6	1	.313	.333	.438	.771
1927	アスレチックス	61	130	23	42	6	5	3	20	14	11	2	.323	.393	.515	.908
1928	アスレチックス	118	400	85	131	29	10	13	79	60	43	3	.328	.416	.548	.964
1929	アスレチックス	149	517	123	183	23	9	33	118	103	**70**	9	.354	**.463**	.625	1.088
1930	アスレチックス	153	562	127	188	33	13	37	156	93	**66**	7	.335	.429	.637	1.066
1931	アスレチックス	139	515	93	150	32	10	30	120	73	**84**	4	.291	.380	.567	.947
1932	アスレチックス	154	585	**151**	213	33	9	**58**	**169**	116	96	3	.364	.469	**.749**	**1.218**
1933	アスレチックス	149	573	125	204	37	9	**48**	**163**	96	**93**	2	**.356**	.449	**.703**	**1.153**
1934	アスレチックス	150	539	120	180	28	6	44	130	**111**	75	11	.334	.449	.653	1.102
1935	アスレチックス	147	535	118	185	33	7	**36**	115	114	**99**	6	.346	.461	**.636**	**1.096**
1936	レッドソックス	**155**	585	130	198	32	8	41	143	105	**119**	13	.338	.440	.631	1.071
1937	レッドソックス	150	569	111	162	24	6	36	127	99	96	10	.285	.392	.538	.929
1938	レッドソックス	149	565	139	197	33	9	50	**175**	**119**	76	5	**.349**	**.462**	**.704**	**1.166**
1939	レッドソックス	124	467	130	168	31	10	**35**	105	89	72	4	.360	**.464**	**.694**	**1.158**
1940	レッドソックス	144	515	106	153	30	4	36	119	101	87	4	.297	.412	.581	.993
1941	レッドソックス	135	487	87	146	27	8	19	105	93	**103**	2	.300	.412	.505	.917
1942	レッドソックス	30	100	18	27	4	0	5	14	18	15	0	.270	.392	.460	.852
	カブス	70	205	25	42	8	0	3	19	22	55	1	.205	.282	.288	.570
1943								プレーせず								
1944	カブス	15	20	0	1	1	0	0	2	2	5	0	.050	.136	.100	.236
1945	フィリーズ	89	224	30	60	11	1	7	38	23	39	0	.268	.336	.420	.756
メジャー通算(20年)		2317	8134	1751	2646	458	125	534	1922	1452	1311	87	.325	.428	.609	1.038

※アミカケはリーグトップ

鬱屈とした空気と反抗的な奔放さ

1960－1970年代

前章からやや時代は飛ぶ。

国外にはベトナム戦争があり、国内ではヒッピー文化が全盛となるなど、この時代のアメリカには、鬱屈とした空気と反抗的な奔放さがないまぜになっていた。

ルースの神聖な記録を破ってしまい影をまとったロジャー・マリスと、同じくルースの通算記録を更新する際に脅迫を受けたハンク・アーロン。

静かに淡々とホームランを積み上げ続けたハーモン・キルブリューがいるかと思えば、ド派手な言動と記憶に残るホームランで語り継がれるレジー・ジャクソン。

各人各様のストーリーを背負ったホームラン王たちだ。

ロジャー・マリス

Roger Maris

悲しき61号
ルースという聖域に手を伸ばしたが故の反感

文●加藤和彦

PROFILE

本名ロジャー・ユージーン・マリス。1934年9月10日、ミネソタ州生まれ。1953年からインディアンス傘下のマイナー球団でプレーを開始し、1957年にメジャーデビュー。ロイヤルズを経て1959年12月にヤンキースへ移籍し、1960年は打点王のタイトルを獲得。翌年は同僚のミッキー・マントルと激しい本塁打王争いを繰り広げ、様々な逆風に襲われながらもシーズン61本塁打のメジャー新記録（当時）を樹立した。全盛期は長続きせず、1966年12月にカージナルスへトレード。1968年限りで現役引退。1985年12月14日、51歳で死去。MVP2回、本塁打王1回、打点王2回、オールスター・ゲーム選出7回。ゴールドグラブ賞1回。183cm90kg、右投左打、外野手。1985年12月14日没。

フットボールで全米記録をマーク

大谷翔平のホームラン量産で改めてクローズアップされたのが、1961年にロジャー・マリスがマークしたア・リーグのシーズン最多本塁打記録61本だ。その後、記録を塗りかえていったマーク・マグワイア、サミー・ソーサ、バリー・ボンズの3選手にはそろって薬物疑惑があり、改めて「メジャー記録はマリスだ」という声が上がっている。

ミネソタ州生まれで5歳のときにノースダコタ州に移ったマリスは、運動神経抜群で1試合4キックオフ・リターン・タッチダウンという高校の全米記録を作ってオクラホマ大からフットボールの奨学金の申し出があった。しかし、金銭的な現実を考えてプロ野球の道に進んだ。インディアンスと契約した18歳のマリスは、いきなりCクラスで打率・325、9本塁打をマークしたものの、自身はアベレージヒッターと思っていたという。しかし、2年目にBクラスのキオカック・カーネルズのJ・J・ホワイト監督から「ボールを引きつけて強打するように」とのアドバイスを受け、同年に

32本塁打を記録してアベレージヒッターからスラッガーに生まれ変わっていった。

１９５５年、クロアチアの移民の子孫だったマラス（Ｍａｒａｓ）家はそろって名前をマリス（Ｍａｒｉｓ）に変えた。名前がやや呼びにくかったこともあって、この変更にマリスは喜んだという。その後も1年ごとにマイナーを駆け上がり、プロ入り5年目の１９５７年にメジャー昇格を果たした。

デビューがすごかった。4月16日のタイガース戦でいきなり3安打。翌日の延長11回にグランドスラムを打ったことでレギュラーの座をつかんだ。翌年のシーズン途中にアスレチックスへ移籍。2チームで28本を打って注目を浴び、１９５９年には虫垂炎で5月から6月にかけて約1か月欠場しながらも、オールスター戦に選出された。

そして、運命を決定づける12月11日、7人が絡む大型トレードでヤンキースへ移籍した。ヤンキースは１９５６年のワールドシリーズで完全試合をマークしたドン・ラーセン、正右翼手だったハンク・バウアーらベテランを放出。一方、マリスと一緒にヤンキース入りした選手にはのちに南海で活躍したケント・ハドリ一塁手がいた。

コミッショナーの裁定でシーズン61本が参考記録扱いに

１９６０年4月19日ボストンでの開幕戦、いきなり２本塁打４打点でヤンキースファンの大歓迎を受けた。この年は8月に故障して18試合に欠場したものの、6月の30試合で打率・３３１、14本塁打、34打点の大暴れが功を奏して本塁打王ミッキー・マントルに1本差の39本塁打を放ち、１１２打点で打点王となった。ＭＶＰ投票は大接戦になったが、１位票がマントルより２票少なかったマリスが２２５ポイント対２２２ポイントの僅差で受賞。機敏な動きと強肩で自身唯一のゴールドグラブ賞も受賞した。

１９６１年、年俸が1万８０００ドルから3万２０００ドルに大幅にアップしたものの、マントルの７万ドルの半分以下だった。マリスは開幕から11試合で本塁打０、一方のマントルは7本と好スタートを切っていた。

しかし、５月になってからエンジンがかかったマリスは、５月17日から6月22日までの38試合に24本（１９２７年のベーブ・ルースは41試合で24本だった）という本塁打ラッシュで一気にマントルとのマッチレースとなり、この時期にメディアには「M&M　boys」という見出しが躍り始めた。

ともに量産ペースが続き、7月が終わってマリス40本、マントル39本。1927年のルースの記録更新が確実視され始めた7月17日、ルースの現役時代にゴーストライターをやっていた当時のフォード・フリック・コミッショナーが、ルースの時代は154試合で60本を達成したのに対し、この年から162試合制であったことから「154試合以内で破らなければ新記録とは認めず参考記録（＊＝アスタリスクつき）扱いになる」と発表した。ちなみに発案したのは高名な野球記者ディック・ヤングだった。

この発表を受けてルースの記録は、より野球ファンに神格化されていった。そして、「その記録を抜くならヤンキース生え抜きのマントルだ」という風潮がニューヨークのメディアだけでなくファンにも広がっていた。つまり、外様のマリスは「ルースの記録を破るにふさわしい人物ではない」というのだ。

外様というだけでなく、マリスの本塁打はヤンキー・スタジアムの右翼が狭くフェンスも低かったこと、4番マントルの前を打つマリスは敬遠0で打数が大幅に違う（打数の差は最終的に76）などの理由も悪意を込めてメディアから流された。

ファンに歓迎されない悲しすぎる61号

9月に入ってマントルが故障で戦列を離れると、なおのことメディアはマリスに対して厳しい論調で叩いていった。154試合目の9月20日はルースが生まれたボルティモアでのオリオールズ戦。3回に59号を放ち、その後は大きなファウル、そして中堅への大飛球を放つも60号は打てなかった。なお、7月17日のオリオールズ戦ではマントルとともにマリスは本塁打を放ったが、雨でノーゲームとなって幻となっている。

マリスは9月26日に60号、10月1日にヤンキー・スタジアムでのシーズン最終戦のレッドソックス戦で4回にトレイシー・スタラードから61号本塁打を放った。61号のホームランボールに懸賞金5000ドルがついたため右翼席こそ満員だったが、観衆2万3154人でわかるように、新記録も大半のヤンキースファンには歓迎されな

移民の両親などを背景にニューヨークのマスコミやファンからも"外様"扱いされたマリス。想像を絶するブーイングを浴びるなか、ひたむきにプレーする悲劇のヒーローだった

かった。後年、マリスは「当時、自分が悪いことをしているかのようだった」と述懐。メディアの執拗な取材にトレーナー室に引きこもることも多かったという。

翌年、印象強いプレーを演じたのはワールドシリーズ最終戦。1点リードで迎えた9回裏2死一塁、ここでウィリー・メイズの右翼線の打球をフェンス手前で掴むと二塁へ好返球。一塁走者の同点のホームインを許さなかった。続く打者ウィリー・マッコビーが二塁ライナーで終わったことで、マリスのプレーは高く評価された。

だが、その後は故障続きで1966年限りでカージナルスへ移籍。新天地で本塁打こそ激減したものの、しばしば決勝打を放ち、1967年のワールドシリーズでは打率3割8分5厘、自身6度目のシリーズで最多の7打点を叩き出し、自身5年ぶり3度目のワールドシリーズ制覇に貢献した。1960年代の7度のシリーズ出場、3度の世界一は誰よりも多かった。

アスタリスクが外れ、遅すぎた栄誉

37歳の若さでユニフォームを脱いだマリスは、2年間の活躍に感謝したカージナルスのオーナー、アンホイザー・ブッシュ（ビール会社の社長）からビール配送業者としての第2の人生を斡旋され、悠々自適の生活を送っていた。ヤンキースからのオールドタイマーズデーへの招待は断っていた。しかし、ジョージ・スタインブレナーがオーナーになってからは関係も修復して参加。1983年にマリスは悪性リンパ腫が発見されて闘病生活に入ったが、1984年7月21日にヤンキースはマリスの背番号「9」を永久欠番にすると発表。翌年のセレモニーでは闘病生活を送っていた最中に登場したマリスに対し、ヤンキースファンは盛大な声援を送った。しかし、闘病の甲斐なく、1985年12月14日、51歳の若さで亡くなった。

レコードブックの＊は1991年、米大リーグの記録委員会が正式に最多本塁打として認定し、外されることになった。それは亡くなってから6年後だった。

マリスは「試合に勝つこと」のためにプレーし続けた。そのマリスの心意気は、マントルやホワイティ・フォード、ボブ・ギブソンやオーランド・セペダらのチームメートは知っていた。そして、彼をリスペクトし、感謝していた。薬物のなかったクリーンな時代のマリスの61号こそ、改めて評価されるべきものかもしれない。

年度	チーム	試合	打数	得点	安打	二塁打	三塁打	本塁打	打点	四球	三振	盗塁	打率	出塁率	長打率	OPS
1957	インディアンス	116	358	61	84	9	5	14	51	60	79	8	.235	.344	.405	.749
1958	インディアンス	51	182	26	41	5	1	9	27	17	33	4	.225	.287	.412	.699
	アスレチックス	99	401	61	99	14	3	19	53	28	52	0	.247	.298	.439	.737
1959	アスレチックス	122	433	69	118	21	7	16	72	58	53	2	.273	.359	.464	.824
1960	ヤンキース	136	499	98	141	18	7	39	**112**	70	65	2	.283	.371	**.581**	.952
1961	ヤンキース	161	590	**132**	159	16	4	**61**	**141**	94	67	0	.269	.372	.620	.993
1962	ヤンキース	157	590	92	151	34	1	33	100	87	78	1	.256	.356	.485	.840
1963	ヤンキース	90	312	53	84	14	1	23	53	35	40	1	.269	.346	.542	.887
1964	ヤンキース	141	513	86	144	12	2	26	71	62	78	3	.281	.364	.464	.828
1965	ヤンキース	46	155	22	37	7	0	8	27	29	29	0	.239	.357	.439	.796
1966	ヤンキース	119	348	37	81	9	2	13	43	36	60	0	.233	.307	.382	.689
1967	カージナルス	125	410	64	107	18	7	9	55	52	61	0	.261	.346	.405	.751
1968	カージナルス	100	310	25	79	18	2	5	45	24	38	0	.255	.307	.374	.681
メジャー通算(12年)		1463	5101	826	1325	195	42	275	850	652	733	21	.260	.345	.476	.822

※アミカケはリーグトップ

ハンク・アーロン

Hank Aaron

脅迫を乗り越えてルース越えを果たした通算715号

文●加藤和彦

PROFILE

本名ヘンリー・ルイス・アーロン。1934年2月5日、アラバマ州生まれ。1952年6月にブレーブスと契約し、1954年にメジャーデビュー。引退するまで23年連続2ケタ本塁打。通算755本塁打は2007年にバリー・ボンズに抜かれるまでメジャー記録。現役最後の2年間はブレーブスの元本拠地ミルウォーキーに戻り、ブリュワーズで指名打者を務めた。通算2297打点は歴代最多。各リーグ最高の打者を表彰する「ハンク・アーロン賞」に名を残す。2021年1月22日、86歳で死去。MVP1回、首位打者2回、本塁打王4回、打点王4回、オールスター・ゲーム選出25回。ゴールドグラブ賞3回、1982年アメリカ野球殿堂入り。183cm81kg、右投右打、外野手。2021年1月22日没。

プロ入り当初は左手を上にしたクロスハンドで右打ち

腕っ節の強さで〝ハンマリング・ハンク（ハンマーで叩くような豪快なスイング）〟と言われたハンク・アーロン。少年時代から青年期を送った1950年代は米国でまだ黒人差別の強かった時代。彼は周りから、そして家族からの「黒人の場合、白人選手よりもはるかに優れていなければならない」との言葉をモットーに練習を重ねてメジャーのスーパースターに駆け上がった。

アラバマ州モービルの貧しい家庭に育った少年の遊びは、ビンのキャップをほうきの柄で打つというものだった。多くのスラッガーは後ろ足に体重をかけて打つが、アーロンは前足に体重をかけ、打つ瞬間に力を集中する。この遊びで身につけたバッティングが、のちに通算755本塁打という記録を生むことになった。

1951年、17歳にして当時まだ存在していたニグロリーグのインディアナポリス・クラウンズと契約。強肩強打が売りの遊撃手だったが、ここで少年時代から続けていた左手を上にするバットの握り（クロスハンド）を矯正し、より好打を連発するようになる。少年時代から定評があったリストの強さで、やがてはメジャーリーグのチームからも注目されるようになった。

翌年のシーズンが始まり、2か月もしないうちに当時はボストンを本拠地としていたブレーブスと契約した。彼に幸いしたのは、ニグロリーグ、ブレーブスともに、先輩選手の怪我によってチャンスをつかんだことだろう。1954年のキャンプ中には、ジャイアンツから獲得した大物打ちのボビー・トムソン外野手が足を骨折。そこで左翼のポジションが空き、開幕からスターティングメンバーに名を連ねてメジャーデビューすることができたのだった。

この年、彼にとって結果的に幸いにつながったことがもう一つあった。9月5日にスライディングで左足首を骨折してしまい、最後の1か月を棒に振って新人王投票は4位に終わった（新人王はカージナルスのウォーリー・ムーン外野手）のだが、その怪我のため兵役はオフシーズンだけとなったのだ。約2年間も兵役で出場機会を失ったウィリー・メイズ外野手（ジャイアンツ）らのようにキャリアが短くなることもなかった。

翌1955年には、背番号変更を申し出て「5」から「44」になり、この頃からオールスタークラスの選手にのし上がっていった。全米に名前を轟かせたのは1957年だ。この年、ブレーブスは快進撃を続け、迎えた9月23日のカージナルス戦でアーロンは延長11回に9年ぶりのリーグ優勝を決めるサヨナラ2ランを叩き込んだ。ナインから担ぎ上げられたシーンは全米の新聞に掲載された。同年のMVPに輝くと、ヤンキースとのワールドシリーズでも3本塁打を含む打率・393を記録。球団43年ぶりのワールドチャンピオンに大きく貢献し、中西部の街ミルウォーキーを熱狂させた。

翌58年もブレーブスはリーグを制したが、ワールドシリーズではヤンキースに対して3勝4敗に終わり、59年は同率でのドジャースとのプレーオフで涙を呑むなど、大舞台から離れつつあった。そんな中でブレーブスは1966年に南部のアトランタへ移転する。そうしたチーム状況でも、アーロンはコンスタントに打ちまくっていた。

ルースの記録を目前にしたオフ、何千何万という脅迫状が……

１９６７年３月、アーロンはベロビーチキャンプを行っていた巨人の王貞治、長嶋茂雄と話す機会があった。ＯＮに打撃の極意について聞かれると、「僕は中堅から左翼寄りを狙うプルヒッティングを心がけている。それに、肩とリストの瞬間的な反応がポイントなんだ」。そして、「オフにはメジャーでは珍しくハンドボールをやっていた」とも語ったという。また、「ウエイトトレーニングだけは絶対にやらない。これをやると肩の筋肉が固くなって、かえってマイナスになる」。それを守ったアーロンは、現役晩年まで１８３センチ81キロというスリムな体型を守っていた。

当時メジャー最高の外野手とされていたのが、通算６６０本塁打を放ったメイズだった。彼の数字を抜き去ることを念頭にアーロンは節制を重ね、１９７０年５月17日のレッズ戦で通算３０００安打を達成。史上初の「５００本塁打＆３０００安打」にメイズより先に到達した。

１９７２年にメイズの本塁打数を抜くと、次に待っていたのはベーブ・ルース（ヤンキースほか）の本塁打記録714本だった。39歳の1973年に40本打ったアーロンは、あと1本にまで迫った。本塁打記録へのカウントダウンは、アメリカ国内で一大関心事になる一方、多くの白人崇拝者からの脅迫状が山のように届けられ、アーロンの身の安全を守るために警備員がつく事態となった。たとえばこうだ。「よく聞け、ブラックボーイ。黒人のベーブ・ルースなんていらないんだ」「記録を破ったのが黒人だなんて、どうやって子どもたちに伝えたらいいんでしょう」等々。何千、何万もの手紙が送りつけられたが、若いころから黒人差別を受け続けていたアーロンの闘志に火がついた。脅迫状の消印で最も多かったのは、ルースが在籍していたヤンキースの本拠地ニューヨークからだったという。

1974年、敵地シンシナティでの開幕となったレッズ戦で714号を放ってルースに並ぶと、本拠地アトランタに戻った4月8日のドジャース戦で、4回二死一塁、左腕アル・ダウニングから豪快なスイングで左翼ブルペンにボールを叩き込み、新記録を樹立した。5万2778人という超満員のファンで埋まったスタジアムが揺れた。試合は5分間中断。花火が上がって世紀の瞬間を祝福した。試合後、「これでトップに立ったね」と言われ、「最高の選手はジョー・ディマジオ。アーロンは3番目くらいかな」と軽口を叩いたのが印象的だった。

現役最晩年の巨人・王貞治とのホームラン競争にも勝利

その年のオフに後楽園球場で行われた王貞治との本塁打競争では、40歳と34歳という年齢的なハンデがありながらも10対9で勝利。そして、帰国したアーロンを待っていたのは、かつてプレーしたミルウォーキーを本拠地とするブリュワーズへの移籍の報だった。当時のブリュワーズはア・リー

シーズン50本塁打は1度もなかったが、頑丈な身体でコンスタントに打ち続け、ルースの通算記録を破った

グの所属。アーロンはDHとして起用されることになったのだ。それでも、最後の2シーズンで22本のホームランを加え、現役を引退。当時としては珍しい30本塁打30盗塁をマークし、ゴールドグラブ賞も3度受賞するなど、今で言う「5ツールプレーヤー」でありながら、シーズン100三振が1度もなかった。

メジャーではアーロンの功績を称え、1999年に各リーグで最高の総合評価を得た打者に与えられる「ハンク・アーロン賞」が創設された。アメリカでは大統領自由勲章を受け、日本でも世界少年野球大会をソフトバンク・王貞治会長と創設し、野球を通じた日米間の青少年交流に貢献したとして2015年秋の叙勲で旭日小綬章を受章した。

米CBSは今年1月、アーロンの死去に際してこう称えた。

「単なる野球選手以上の存在だった。彼はキャリアを通して南部の恐ろしい人種差別を乗り越え、ルースの記録更新に挑戦しているときには殺害の脅迫も受けた。その間ずっと謙虚さを保ち、目の前にあったすべてのハードルを乗り越えて力を発揮し続けた」

年度	チーム	試合	打数	得点	安打	二塁打	三塁打	本塁打	打点	四球	三振	盗塁	打率	出塁率	長打率	OPS
1954	ブレーブス	122	468	58	131	27	6	13	69	28	39	2	.280	.322	.447	.769
1955	ブレーブス	153	602	105	189	**37**	9	27	106	49	61	3	.314	.366	.540	.906
1956	ブレーブス	153	609	106	**200**	**34**	14	26	92	37	54	2	**.328**	.365	.558	.923
1957	ブレーブス	151	615	**118**	198	27	6	**44**	**132**	57	58	1	.322	.378	.600	.978
1958	ブレーブス	153	601	109	196	34	4	30	95	59	49	4	.326	.386	.546	.931
1959	ブレーブス	154	629	116	**223**	46	7	39	123	51	54	8	**.355**	.401	**.636**	**1.037**
1960	ブレーブス	153	590	102	172	20	11	40	**126**	60	63	16	.292	.352	.566	.918
1961	ブレーブス	**155**	603	115	197	**39**	10	34	120	56	64	21	.327	.381	.594	.974
1962	ブレーブス	156	592	127	191	28	6	45	128	66	73	15	.323	.390	.618	1.008
1963	ブレーブス	161	631	**121**	201	29	4	**44**	**130**	78	94	31	.319	.391	**.586**	**.977**
1964	ブレーブス	145	570	103	187	30	2	24	95	62	46	22	.328	.393	.514	.907
1965	ブレーブス	150	570	109	181	**40**	1	32	89	60	81	24	.318	.379	.560	.938
1966	ブレーブス	158	603	117	168	23	1	**44**	**127**	76	96	21	.279	.356	.539	.895
1967	ブレーブス	155	600	**113**	184	37	3	**39**	109	63	97	17	.307	.369	**.573**	.942
1968	ブレーブス	160	606	84	174	33	4	29	86	64	62	28	.287	.354	.498	.852
1969	ブレーブス	147	547	100	164	30	3	44	97	87	47	9	.300	.396	.607	1.003
1970	ブレーブス	150	516	103	154	26	1	38	118	74	63	9	.298	.385	.574	.958
1971	ブレーブス	139	495	95	162	22	3	47	118	71	58	1	.327	.410	**.669**	**1.079**
1972	ブレーブス	129	449	75	119	10	0	34	77	92	55	4	.265	.390	.514	.904
1973	ブレーブス	120	392	84	118	12	1	40	96	68	51	1	.301	.402	.643	1.045
1974	ブレーブス	112	340	47	91	16	0	20	69	39	29	1	.268	.341	.491	.832
1975	ブリュワーズ	137	465	45	109	16	2	12	60	70	51	0	.234	.332	.355	.687
1976	ブリュワーズ	85	271	22	62	8	0	10	35	35	38	0	.229	.315	.369	.684
メジャー通算(23年)		3298	12364	2174	3771	624	98	755	**2297**	1402	1383	240	.305	.374	.555	.928

※アミカケはリーグトップ

ハーモン・キルブリュー

投手を打ち砕く紳士
多くのファンから愛された
「殺し屋」

Harmon Killebrew

文●加藤和彦

PROFILE

本名ハーモン・クレイトン・キルブリュー。1936年6月29日、アイダホ州生まれ。愛称は「キラー」。1954年6月にワシントン・セネタース（現ツインズ）と契約し、4日後に17歳でメジャーデビュー。メジャー5年目の1959年に42本塁打で初の本塁打王に輝くなどブレイクを遂げ、その後はメジャーを代表する長距離砲となった。1961年のミネソタ移転後も主砲として活躍。1974年12月にコーチ転身を打診されるも現役続行を選択し、1975年にロイヤルズで1年だけプレーして現役引退。2011年5月17日、74歳で死去。MVP1回、本塁打王6回、打点王3回、オールスター・ゲーム選出13回。1984年アメリカ野球殿堂入り。180cm96kg、右投右打、一塁手／三塁手。2011年5月17日没。

プロ入り5年目でメジャー定着

父親がウエストバージニア大のフルバックだったこともあって、その運動神経を引き継いだハーモン・キルブリューは野球、フットボールだけでなく、バスケットボールや短距離走でも注目されていた。

ただ、16歳で父が亡くなったため、オレゴン大からの奨学金は断った。この若者を、アイダホ州出身で同州選出のハーマン・ウェルカー議員が1954年、当時のワシントン・セネタースに紹介。するとセネタースは3年契約で各年6000ドル、契約金4000ドルの条件を出してきた。実は、それまでキルブリューはレッドソックス入りに傾いていた。だが、レッドソックスのスカウトにセネタースの条件を伝えると、「うちはそこまで出せない」と言われ、断念したという。

当時は「4000ドル以上で契約した選手は2年間、メジャーリーグのロースター入りさせなくてはならない」という規則があり、キルブリューは18歳の誕生日の6日前にデビューを果たした。最初の2年間はわずか47試合の出場だけで、その間、三塁はエディ・ヨストが守っていた。しかし、セネタースが１９５８年12月にこのヨストをタイガースに放出すると、キルブリューは三塁のポジションをつかんで放さず、１９５９年５月に５度のマルチ本塁打を含む15本塁打、28打点で一気に注目を集めることになった。当時、ブロードウェイで話題になっていたミュージカルの『くたばれヤンキース』の主人公、セネターズで打ちまくるジョー・ハーディにも重ねられた。オールスターにも選出され、42本塁打でタイトルを獲得。通算６度の本塁打王となる、その第一歩を記した。

驚異的な飛距離で６度の本塁打王

１９６１年、チームはワシントンからミネソタ州ミネアポリスに移転し、ツインズとニックネームを変更した。新しいフランチャイズを代表するスラッガーというだけでなく、新天地でキルブリューはＷＴＣＮ－ＴＶと契約し、試合前になんと相手チームの選手にインタビューする役も務めた。オフにはラジオ番組にも登場。セネタース時代の控えめな印象から、外向的になったと言われるようになった。打率が伸びず、三振は多かったが、小柄だがいかつい上半身で一目瞭然なように、ツボにきた球をとらえたときの飛距離はすさまじいもので、チーム移転後2年目の1962年から3年連続本塁打王と、グラウンドでの存在感も増す一方だった。

1965年8月2日のオリオールズ戦で、一塁を守っている際に打者走者と交錯して負傷し、7週間の欠場。復帰が9月となったことで、ホームラン数は25本に留まったが、キルブリュー当人はむしろ、同年のワールドシリーズで1本塁打、2打点に終わったことを生涯悔やんでいた。ツインズはドジャースに敗れ、しかも彼の在籍中、チームがワールドシリーズまで進んだのはあとにも先にも、この1回だけだったのだ。

1969年は前半戦でレジー・ジャクソンに9本差をつけられながらも、一塁から三塁に戻ったことで打撃にも好結果を生み、後半戦で爆発。ともに自己最多の49本塁打、140打点で2度目の二冠王となった。東西2地区制が始まった初年度であったが、チームが西地区初制覇となったことも手伝って1位票24のうち16票を獲得してMVPにも選ばれた。キルブリューを三塁に戻したビリー・マーティン監督は「守備ではブルックス・ロビンソン（オリオールズの名三塁手）に劣るが、打撃は優れているからね」と話していた。

翌年も打棒は冴え、リーグのMVP投票では3位ながら、スポーティングニュース社選定のMVPでは2年連続受賞となった。これをピークにして、年代が70年代に切り替わるとキルブリューの強打は衰えていく。年々数字を落とし、1975年には球団から兼任コーチ、またはAAA級の監督就任を打診される。しかし本人は「カージナルスは（看板打者のスタン・）ミュージアルに副社長のポストを用意したのに……」と球団の姿勢に落胆を示し、ロイヤルズと1年契約を結んでツインズを出ていった。ツインズは翌年、ロイヤルズが遠征してきた5月4日に「キルブリュー・デー」を催して、キルブリューはそこで本塁打を放ったが、スタジアムには1万4805人のファンしか集まっていなかったという。

打率3割は1度もないのに、3度の打点王を含め100打点以上が9度。勝負強さが際立つ。選球眼もよく、通算1559四球で出塁率は・376。この数字は、通算打率・311を残したイチローの出塁率・355を上回るものだ。いかに、その怪力

コンパクトにバットを振り抜くスタイルながら
驚異的な飛距離の本塁打を量産した

を投手たちが恐れていたかの証左だ。

現在より飛ばないボールだった時代にもかかわらず、1967年6月3日に本拠地メトロポリタン・スタジアムで打った本塁打は520フィート（約159メートル）。その打球が当たった左翼二階席のイスには記念のペイントが施された。のちに球場が閉鎖され、跡地に全米最大のショッピングモール「モール・オブ・アメリカ」が完成したが、建物の壁に今でもそのイスは飾られている。

また、かつてあったタイガー・スタジアムの左翼二階席の屋根を越えたのも、彼が第1号だった。相手を長打一発で叩き潰す姿と、名前のスペルをもじってニックネームは〝キラー（殺し屋）〟だったが、性格は温厚で22年間で一度も退場処分がなかった。1964年には、身体の75%の火傷を負って入院したキルブリュー・ファンの8歳の少年の父が新聞社を通じて連絡してくると、キルブリューはニューヨークの病院に駆け付け、サインを贈った。少年ファンの多いことでも知られていた。

引退後は実業家として波乱万丈な人生

1969年オフに来日経験もある。日本を気に入っていたことから近鉄、ヤクルトからの誘いもあったが、それらを断って1975年限りでユニフォームを脱いだ。引退後はツインズ、アスレチックス、エンゼルスの専属解説者をこなす一方、自動車販売業、カーリースの会社も興した。ところが、やがて会社は倒産。1993年には破産宣告、そして夫人とも離婚。一時は、ツインズのオーナーだったクラーク・グリフィスや、懇意にしていたレジー・ジャクソン（ヤンキースほか）にも借金したというから、かなり苦しい晩節であった。

それでも、王貞治氏が主催する世界少年野球大会の一環として、1991年8月に開催された日米OBオールスター戦で千葉マリンスタジアムに姿を現した際には、55歳ながら左中間に二塁打を打った。「アメリカでは決して大柄とは言えないその身体で、よく500本以上もの本塁打を打てましたね」という記者からの問いかけに、にやりと笑って力コブを作ってみせた。温和でサービス精神旺盛な人柄がにじんでいた。

1969年、MLBはプロ野球誕生100周年を記念してロゴマーク（バッターマンロゴ）を作ったが、デザインの発表当初から、モデルはキルブリューではないかという声が多かった。ロゴを制作したジェリー・ディオール氏は「みんなはそう言うが、あのデザインにはモデルはいない」と否定している。しかし、構えの力強さがそう感じさせたのだ。

1960年代のパワーバッティングの象徴。1969年はキルブリューが唯一MVPとなったシーズンだった。

年度	チーム	試合	打数	得点	安打	二塁打	三塁打	本塁打	打点	四球	三振	盗塁	打率	出塁率	長打率	OPS
1954	セネタース	9	13	1	4	1	0	0	3	2	3	0	.308	.400	.385	.785
1955	セネタース	38	80	12	16	1	0	4	7	9	31	0	.200	.281	.363	.643
1956	セネタース	44	99	10	22	2	0	5	13	10	39	0	.222	.291	.394	.685
1957	セネタース	9	31	4	9	2	0	2	5	2	8	0	.290	.333	.548	.882
1958	セネタース	13	31	2	6	0	0	0	2	0	12	0	.194	.212	.194	.406
1959	セネタース	153	546	98	132	20	2	**42**	105	90	116	3	.242	.354	.516	.870
1960	セネタース	124	442	84	122	19	1	31	80	71	106	1	.276	.375	.534	.909
1961	ツインズ	150	541	94	156	20	7	46	122	107	109	1	.288	.405	.606	1.012
1962	ツインズ	155	552	85	134	21	1	**48**	**126**	106	**142**	1	.243	.366	.545	.912
1963	ツインズ	142	515	88	133	18	0	**45**	96	72	105	0	.258	.349	**.555**	.904
1964	ツインズ	158	577	95	156	11	1	**49**	111	93	135	0	.270	.377	.548	.924
1965	ツインズ	113	401	78	108	16	1	25	75	72	69	0	.269	.384	.501	.885
1966	ツインズ	162	569	89	160	27	1	39	110	**103**	98	0	.281	.391	.538	.929
1967	ツインズ	163	547	105	147	24	1	**44**	113	**131**	111	1	.269	.408	.558	.965
1968	ツインズ	100	295	40	62	7	2	17	40	70	70	0	.210	.361	.420	.782
1969	ツインズ	**162**	555	106	153	20	2	**49**	**140**	**145**	84	8	.276	**.427**	.584	1.011
1970	ツインズ	157	527	96	143	20	1	41	113	128	84	0	.271	.411	.546	.957
1971	ツインズ	147	500	61	127	19	1	28	**119**	**114**	96	3	.254	.386	.464	.850
1972	ツインズ	139	433	53	100	13	2	26	74	94	91	0	.231	.367	.450	.817
1973	ツインズ	69	248	29	60	9	1	5	32	41	59	0	.242	.352	.347	.698
1974	ツインズ	122	333	28	74	7	0	13	54	45	61	0	.222	.312	.360	.672
1975	ロイヤルズ	106	312	25	62	13	0	14	44	54	70	1	.199	.317	.375	.692
メジャー通算(22年)		2435	8147	1283	2086	290	24	573	1584	1559	1699	19	.256	.376	.509	.884

※アミカケはリーグトップ

レジー・ジャクソン

Reggie Jackson

大舞台で無類の強さを発揮する〝ミスター・オクトーバー〟

文●加藤和彦

PROFILE

本名レジナルド・マルティネス・ジャクソン。1946年5月18日、ペンシルベニア州生まれ。1966年ドラフト全体2位でアスレチックスに指名されてプロ入りし、翌年6月にメジャーデビュー。1973年に初の本塁打王。オリオールズを経て1977年からヤンキース。同年のワールドシリーズでは第6戦で3打席連続本塁打を放つなど5本塁打の大活躍。「ミスター・オクトーバー」の愛称を与えられた。1982年からエンゼルス、現役最終年の1987年は古巣のアスレチックスでプレー。通算2597三振は歴代最多。MVP1回、本塁打王4回、打点王1回、オールスター・ゲーム選出14回。シルバースラッガー賞2回、1993年アメリカ野球殿堂入り。183cm90kg、左投左打、外野手。

直面した黒人差別

レジー・ジャクソンは1946年、アフリカ系アメリカ人の少ない米ペンシルベニア州ウィンコートに生まれた。彼の父親は元ニグロリーグの二塁手だったが、第二次世界大戦中はP-51マスタングのパイロットとして北アフリカで活躍したという。復員後にドライクリーニングと仕立てを職業としていた。

当時の黒人少年としては比較的裕福な家庭に育ったジャクソンは、黒人が少ない学校に通い、人種差別をあまり感じさせない少年時代を過ごした。アメリカンフットボールや野球など複数のスポーツに秀でてスカウトに注目されたが、父親が進学を勧め、フットボールと野球の奨学金のオファーがあってアリゾナ州立大に進んだ。

大学では60ヤード（54・9メートル）ダッシュ6秒3のスピードを誇ってディフェンシブチームのキャプテンに任命された。当時のフットボールのヘッドコーチ、フランク・クッシュから「肉体的に厳しい訓練を続けてタフさを身につけなくてはならないことを教わった」と話す。

ただ、ディフェンシブバックが好きでなく、2年生からは野球一筋で正中堅手の座をつかみ、数々の強打の記録を作った。1966年6月のドラフト全体1位が有力視されたが、メッツが白人の女性とつきあっているジャクソンを回避したという噂もあってアスレチックスが全体2位で指名した。当時はエージェントがおらず、父親のマルティネスがフィンリー・オーナーの牧場まで行って直接交渉し、8万5000ドルの契約金を勝ちとった。

2年目、サザンリーグのバーミングハムに所属するも、ペンシルベニア生まれのレジーは、生まれて初めて黒人差別を目の当たりにして落ち込んだ。しかし、ジョン・マクナマラ監督から精神面のサポートを受けて活躍（同シーズン17本塁打だけでなく17三塁打、17盗塁をマーク）し、ドラフト指名からわずか1年でメジャーに昇格した。

1968年、チームはオークランドに移転。4月に打率3割9厘、4本塁打を記録したことで定位置を獲得した。1969年になると開幕からホームランを連発し、6月に14本放って6月末までのチーム70試合で29本と新記録ペースと騒がれた。6月にワシントンで当時のニクソン大統領が観戦した試合で本塁打を放ち、インタビューで

「大統領の前で打てたのが喜び」と話すと、同大統領から「セネタースファンだが、君に対して心から拍手を送る。娘夫婦もボストンで2度も君の本塁打を見た。今後の活躍を祈る」とメッセージをもらった。この年は球宴までに37本を打っていたが、「多くのファンがサインを求めてきたのは初めてだった。それに疲れてしまった」。9月にわずか2本に終わり、後半戦10本を上乗せしただけで、一時12本差をつけていたツインズのハーモン・キルブリューに抜かれた。それでもこのシーズンの47本はキャリハイだった。

翌年はジェニー夫人との離婚騒動もあって低迷。それを反省してオフにはプエルトリコのウィンターリーグに参加。のちに野球殿堂入りする所属チームのフランク・ロビンソン監督からの叱咤激励もあって、再びスラッガーとしてグラウンドに戻ってきた。

オールスターで度肝を抜く600フィート弾

アスレチックスは1971年からア・リーグ西地区5連覇を果たすが、クラブハウスではサル・バンドーがチーム内をまとめ、グラウンドではジャクソンが主砲としてチームを引っ張っていった。この年、ファンを驚かせたのがデトロイトで行われたオールスター戦、3回に代打で放った右中間の三層スタンドの屋根を越える特大アーチだ。当時は600フィート（約183メートル）は飛んだのではと報じられ、大舞台の一発で一気に知名度が上がった。

1971年は前年世界一のオリオールズに一蹴されたが、1972年はタイガースとの優勝決定シリーズを3勝2敗で勝ち抜いた。レジーは第5戦の3回に一、三塁から一塁走者マイク・エプスタインとのダブルスチールで同点のホームイン。タイガース守備陣の捕―二―捕の完璧なリレーより早くスライディングでビル・フリーハン捕手をはね飛ばして生還した。アスレチックスは2対1で逆転勝ちし、リーグ優勝を飾ったものの、レジーは左太ももを痛め、ワールドシリーズには出場できなかった。

その悔しさを翌年にぶつけた。シーズンは満票でMVPになる活躍を見せたが、リーグ優勝決定シリーズは打率・143だった。しかし、自身初のワールドシリーズでは2勝3敗の第6戦で2点タイムリー、第7戦に2ランを放ってシリーズMVPも受賞した。

1974年もドジャースを破ってワールドシリーズ3連覇。1975年はレッドソックスに優勝決定シリーズで敗れたアスレチックスは、フィンリー・オーナーが緊縮財政を打ち出し、ジャクソンは契約でもめ、1976年の開幕1週間前にオリオールズへ緊急トレードされた。

2球団で永久欠番の功績

ジャクソンはオリオールズで1シーズンプレーし、制度化されたばかりのフリーエージェントの権利を行使してヤンキースと5年総額300万ドルで契約した。

キャプテンのサーマン・マンソンと反目し、6月18日のレッドソックス戦では右翼

一発の魅力には史上最多の通算 2597 三振という副産物も付いてきたが、5度のワールドシリーズでは通算打率 .357、2度の MVP を獲得するなど比類なき勝負強さを発揮した

前への打球を処理にもたつき二塁打にしたことで、イニングの途中でベンチに下げられた。この件でビリー・マーティン監督と激しく口論した姿が全米中継のテレビで放送され、問題児のイメージが全米に広がった。だが、グラウンドでは結果を残した。一騎当千のメンバーがそろったチームは東地区2連覇。ロイヤルズとの優勝決定シリーズ第4戦までレジーは14打数1安打だったが、第5戦はベンチスタートも8回に代打で逆転につながるタイムリーを放った。ドジャースとのワールドシリーズは、第4戦から火がついて2試合連続アーチ。3勝2敗として本拠地での第6戦を迎え、伝説の3打席連続初球打ちアーチでベーブ・ルース以来2人目の1試合3本塁打、そして5打点を記録した。チームに15年ぶりのワールドチャンピオンを

もたらし、2度目のシリーズMVPを受賞。「ミスター・オクトーバー」のニックネームが付いたのはこのときだった。翌年のポストシーズンも大活躍で、計10試合で4本塁打、14打点をマークしてチームを2年連続世界一に導いた。

その後、スタインブレナー・オーナーとの仲も気まずくなってヤンキースを離れ、1982年にエンゼルスと5年契約。1987年に復帰した古巣アスレチックスを最後にユニフォームを脱いだ。

ヤンキースの「44」、アスレチックスの「9」と2つの永久欠番がレジーの功績を物語っているが、レギュラーシーズンの563本塁打以上に、5度出場したワールドシリーズでは打率・357、10本塁打、24打点の大活躍。本塁打数は歴代5位タイながら本塁打率9・8は、8・6打数に1本（計15本）のルースに次ぐ。また、100打席以上立った選手の中で長打率・755は歴代最高（ルースは・744）。本塁打の副産物として通算2597三振のメジャー記録を持つが、彼のスイングが多くのファンを魅了したのは間違いない。

年度	チーム	試合	打数	得点	安打	二塁打	三塁打	本塁打	打点	四球	三振	盗塁	打率	出塁率	長打率	OPS
1967	アスレチックス	35	118	13	21	4	4	1	6	10	46	1	.178	.269	.305	.574
1968	アスレチックス	154	553	82	138	13	6	29	74	50	**171**	14	.250	.316	.452	.768
1969	アスレチックス	152	549	**123**	151	36	3	47	118	114	**142**	13	.275	.410	**.608**	**1.018**
1970	アスレチックス	149	426	57	101	21	2	23	66	75	**135**	26	.237	.359	.458	.817
1971	アスレチックス	150	567	87	157	29	3	32	80	63	**161**	16	.277	.352	.508	.860
1972	アスレチックス	135	499	72	132	25	2	25	75	59	125	9	.265	.350	.473	.823
1973	アスレチックス	151	539	**99**	158	28	2	**32**	**117**	76	111	22	.293	.383	**.531**	**.914**
1974	アスレチックス	148	506	90	146	25	1	29	93	86	105	25	.289	.391	.514	.905
1975	アスレチックス	157	593	91	150	39	3	**36**	104	67	133	17	.253	.329	.511	.840
1976	オリオールズ	134	498	84	138	27	2	27	91	54	108	28	.277	.351	**.502**	.853
1977	ヤンキース	146	525	93	150	39	2	32	110	74	129	17	.286	.375	.550	.925
1978	ヤンキース	139	511	82	140	13	5	27	97	58	133	14	.274	.356	.477	.834
1979	ヤンキース	131	465	78	138	24	2	29	89	65	107	9	.297	.382	.544	.926
1980	ヤンキース	143	514	94	154	22	4	**41**	111	83	122	1	.300	.398	.597	.995
1981	ヤンキース	94	334	33	79	17	1	15	54	46	82	0	.237	.330	.428	.758
1982	エンゼルス	153	530	92	146	17	1	**39**	101	85	**156**	4	.275	.375	.532	.907
1983	エンゼルス	116	397	43	77	14	1	14	49	52	140	0	.194	.290	.340	.630
1984	エンゼルス	143	525	67	117	17	2	25	81	55	141	8	.223	.300	.406	.706
1985	エンゼルス	143	460	64	116	27	0	27	85	78	138	1	.252	.360	.487	.847
1986	エンゼルス	132	419	65	101	12	2	18	58	92	115	1	.241	.379	.408	.787
1987	アスレチックス	115	336	42	74	14	1	15	43	33	97	2	.220	.297	.402	.699
メジャー通算(21年)		2820	9864	1551	2584	463	49	563	1702	1375	**2597**	228	.262	.356	.490	.846

※アミカケはリーグトップ

今とは違うホームランの意味合い

1900－1910年代

ルースが登場するまでは、「デッドボール」という飛ばないボールが使われていた。

外野にフェンスのない球場も多数。

打者は痛烈な打球でヒットを飛ばし、次の塁を盗み、ホームを踏むことが生業であった。

そんな野球スタイルだったから、ホームランといえばランニングホームラン。

外野を越えて一気にホームまで還れるほど打球を飛ばすか、快足好走塁の主が記録するものだった。

快足ランナーだったタイガースのタイ・カッブ、

「ホームラン」のニックネームを与えられたアスレチックスのホームラン・ベイカー、
24本で20世紀初頭の記録保持者であったフィリーズのギャビー・クラバス。

今とは違うホームランの意味合いを味わおう。

タイ・カッブ

Ty Cobb

本塁打の価値を認めず 46本のランニングホーマー

文●村田洋輔

PROFILE

本名タイラス・レイモンド・カッブ。1886年12月18日、ジョージア州生まれ。1905年8月にタイガースと契約し、18歳でメジャーデビュー。メジャー3年目の1907年から9年連続、1917年から3年連続で首位打者に輝くなどメジャーを代表する安打製造機として活躍。1909年は打撃三冠に加えて盗塁王。勝利への執念からラフプレーも多く、嫌われ者の一面もあった。1921年から兼任監督を務めたが、八百長疑惑により1926年11月に解任。現役最後の2年間はアスレチックスでプレーし、1928年限りで現役引退。通算打率.367は歴代最高。1961年7月17日、74歳で死去。MVP1回、首位打者12回、本塁打王1回、打点王4回、盗塁王6回。1936年アメリカ野球殿堂入り。185cm79kg、右投左打、外野手。1961年7月17日没。

狙えばいつでも打てたホームラン

史上最多となる12度の首位打者に輝き、史上2位の4191安打を放ったタイ・カッブ。通算本塁打は117本に過ぎず、シーズン2ケタ本塁打は12本打ったシーズンが2度あるだけ、本塁打王のタイトルを獲得したのはメジャー史上唯一となる四冠（首位打者、本塁打王、打点王、盗塁王）を達成した1909年だけであり、カッブのことを「ホームランバッター」と表現することには多少の違和感があるかもしれない。実際、カッブはベーブ・ルース出現以降の本塁打に頼る野球を軽蔑し、「多くの子供たちはホンモノの打撃や走塁を学ぶ代わりに、すべての投球をフェンスオーバーさせようとしている」と嘆いていた。ところが、ルース出現以降もデッドボール時代の野球を続け、卓越した打撃技術や走塁技術を発揮していながら、カッブが球界有数の「ホームランバッター」だったことを裏付ける有名なエピソードがある。

それはカッブが自己最多タイの12本塁打を記録した1925年シーズンのことだった。5月5日のセントルイス・ブラウンズ（現オリオールズ）との試合前、記者に対して「今日はキミたちに見せたいものがある。キャリアで初めてホームランを狙おうと思う」と宣言したカッブは3本塁打を含む6打数6安打5打点という有言実行の大活躍を見せたのだ。翌日の試合でも2本塁打を含む6打数3安打6打点。当時38歳だったカッブは「狙えばいつでもホームランを打てる」ということを自身のパフォーマンスで証明してみせた。カッブはルースの打撃技術自体は認めており、「ホームラン狙いの打撃をやめれば打率4割を打てる」と進言したこともあった。一方のルースは「ヒット狙いなら打率6割はいける。でも、客はシングルヒットではなくホームランを観に来ている」と豪語したという。「史上最高の野球選手はどちらか」というテーマでしばしば論争の対象となるこの2人だが、1936年に行われた第1回アメリカ野球殿堂入り投票ではカッブが得票率98・2％で1位、ルースが同95・1％で2位タイとなり、揃って殿堂入りを果たした。

人格を狂わせる事件

そのカッブは1886年12月18日、ジョージア州ナローズで生まれた。「ジョージア・ピーチ」というニックネームはジョージア州の特産品である桃に由来している。3人兄弟の長男として生まれ、父ウィリアム・ハーシェル・カッブは学校の教師であり、カッブが弁護士または医者になることを期待していた。ところが、カッブは父の意に反して野球に没頭し、17歳のときにマイナーリーグのチームに加わったものの、わずか2試合で解雇。その後、友人から「独立リーグのチームに行こう」と誘われたカッブは父に電話で相談し、「頑張ってみろ。失敗して帰ってくるな」とのエールをもらって野球の道を進むことを決心した。

独立リーグでの活躍によりマイナーリーグのチームへの再入団を勝ち取ったカッブだったが、尊敬していた父は1905年8月5日の夜、妻の浮気現場を押さえようとして妻の浮気相手に射殺されてしまう。直後にタイガースと契約したカッブは、新人選手への執拗な嫌がらせと父の衝撃的な死がストレスとなり、これが「最高の技術と最低の人格」と評されるカップの人格形成に大きな影響を与えたと言われている。

１９０９年にホームラン・ベイカー（アスレチックス）に三塁ベース上でスパイクを食らわせ、アスレチックスのファンから殺害予告を受けるなど、球界を代表する嫌われ者となっていったカップだが、それを象徴する出来事として１９１０年の首位打者争いがあまりにも有名だ。この年のカップはナップ・ラジョイ（インディアンス）と激しい首位打者争いを繰り広げており、カップは・３８５の打率を維持するためにシーズン最終２試合を欠場。ところが、カップを嫌っていたブラウンズのジャック・オコナー監督は、当時の人気者であるラジョイに首位打者を獲らせたいと考え、新人三塁手のレッド・コリデンに対して「深く守れ」と指示を出した。ラジョイは最終２試合でバント安打７本を含む８打数８安打を記録し、打率は・３８４まで急上昇。しかし、これは明らかな八百長行為であり、のちに記録の誤りが発見されてラジョイの打率がカップを上回っていたことが明らかになったにもかかわらず、メジャーリーグの公式記録は変更されず、カップが首位打者として認められている。

また、攻撃的なカップの性格がメジャー史上初のストライキにつながったことも

柵越えのホームランに価値を見出さず、テクニックとスピードを武器にヒットを打ってホームインを目指すというデッドボール時代の野球にこだわり続けた

あった。1912年5月15日のニューヨーク・ハイランダース（現ヤンキース）との試合で、カッブは数年間にわたる悪質な野次に堪忍袋の緒が切れ、クロード・ルーカーという障がい者に暴力を振るった。ア・リーグ会長のバン・ジョンソンはこの事件を聞き、カッブに対して無期限の出場停止処分を科したが、カッブのことを嫌いつつも、その実力は認めていたチームメイトたちが猛反発。球団オーナーのサポートを受け、「カッブの処分が解けるまでプレーしない」と表明した。タイガースはセミプロの選手を集めて3日後のアスレチックス戦に臨み、2対24で大敗。ジョンソン会長が「ボイコットを継続した者は永久追

放処分にする」と警告し、カップ自身もチームメイトにプレーを再開するよう促したため、セミプロによるチーム編成は1試合限りとなったが、この1試合のみの出場でメジャーリーグの歴史に名を残した選手が8人もいる。この騒動を受け、カップへの処分は出場停止10日間に軽減された。

引退後は後継者の育成に手腕を発揮

選手として圧倒的な実績を残したカップだが、打者育成の手腕にも高い評価が与えられている。1921年から6シーズンにわたって監督を兼任したカップは1度もリーグ優勝を果たせなかったものの、1年目以外は5年連続でシーズン勝ち越し。ブレーブスなどで監督を務め、エンゼルスの初代GMを務めたフレッド・ヘイニー（1922～25年にタイガースでプレー）が「ハリー・ハイルマンを優秀な打者にしたのはカップであり、ヘイニー・マヌーシュを作り上げたのもカップだ」と語ったように、自身の後継となる強打者たちを育成した。ハイルマンは1923年に自己最高の打率．

403をマークするなど1920年代に4度の首位打者に輝き、1952年にアメリカ野球殿堂入り。マヌーシュもカップがタイガースでプレーする最終年となった1926年に打率・378で首位打者となり、1964年に殿堂入りを果たした。それ以外にはチャーリー・ゲーリンジャー（1949年に殿堂入りを果たした名二塁手）の実力を評価してレギュラーに抜擢した功績もある。

1909年に柵越えなしの9本塁打でキャリア唯一の本塁打王に輝いたカップは、メジャー史上最高の通算打率・367をマークし、6度の盗塁王を含む通算892盗塁を記録したように、最後までデッドボール時代の野球にこだわり、柵越えの本塁打に価値を見出そうとはしなかった。とはいえ、カップが狙えばいつでも本塁打を打てるだけの技術を持っていたということに疑いの余地はない。ライブボール時代がスタートした1920年には、カップはすでに33歳になっていたが、もしカップが本塁打に価値を見出していたら、いったい何本のアーチを架けていたのだろうか。しかし、カップ自身が本塁打に価値を見出していなかった以上、やはりカップのことを「ホームランバッター」と表現するのは避けたほうがよさそうだ。

年度	チーム	試合	打数	得点	安打	二塁打	三塁打	本塁打	打点	四球	三振	盗塁	打率	出塁率	長打率	OPS
1905	タイガース	41	150	19	36	6	0	1	15	10	--	2	.240	.288	.300	.588
1906	タイガース	98	350	45	112	13	7	1	34	19	--	23	.320	.360	.406	.766
1907	タイガース	150	605	97	**212**	28	14	5	**119**	24	--	**49**	**.350**	.380	**.468**	**.848**
1908	タイガース	150	581	88	**188**	**36**	**20**	4	**108**	34	--	39	**.324**	.367	**.475**	**.842**
1909	タイガース	156	573	**116**	**216**	33	10	**9**	**107**	48	--	**76**	**.377**	**.431**	**.517**	**.947**
1910	タイガース	140	509	**106**	196	36	13	8	91	64	--	65	**.385**	**.458**	**.554**	**1.012**
1911	タイガース	146	591	**147**	**248**	**47**	**24**	8	**127**	44	--	**83**	**.420**	.467	**.621**	**1.088**
1912	タイガース	140	553	119	**227**	30	23	7	83	43	--	61	**.410**	.458	**.586**	**1.043**
1913	タイガース	122	428	70	167	18	16	4	67	58	31	51	**.390**	**.467**	.535	1.002
1914	タイガース	98	345	69	127	22	11	2	57	57	22	35	**.368**	**.466**	**.513**	**.979**
1915	タイガース	156	563	**144**	**208**	31	13	3	99	118	43	**96**	**.369**	**.486**	.487	**.973**
1916	タイガース	145	542	**113**	201	31	10	5	68	78	39	**68**	.371	.452	.493	.944
1917	タイガース	152	**588**	107	**225**	**44**	**24**	6	102	61	34	**55**	**.383**	**.444**	**.570**	**1.014**
1918	タイガース	111	421	83	161	19	**14**	3	64	41	21	34	**.382**	**.440**	.515	.955
1919	タイガース	124	497	92	**191**	36	13	1	70	38	22	28	**.384**	.429	.515	.944
1920	タイガース	112	428	86	143	28	8	2	63	58	28	15	.334	.416	.451	.867
1921	タイガース	128	507	124	197	37	16	12	101	56	19	22	.389	.452	.596	1.048
1922	タイガース	137	526	99	211	42	16	4	99	55	24	9	.401	.462	.565	1.026
1923	タイガース	145	556	103	189	40	7	6	88	66	14	9	.340	.413	.469	.882
1924	タイガース	155	625	115	211	38	10	4	79	85	18	23	.338	.418	.450	.867
1925	タイガース	121	415	97	157	31	12	12	102	65	12	13	.378	.468	.598	1.066
1926	タイガース	79	233	48	79	18	5	4	62	26	2	9	.339	.408	.511	.918
1927	アスレチックス	134	490	104	175	32	7	5	93	67	12	22	.357	.440	.482	.921
1928	アスレチックス	95	353	55	114	27	4	1	40	34	16	5	.323	.389	.431	.819
メジャー通算(24年)		3035	11429	2246	4191	723	297	117	1938	1249	357	892	**.367**	.433	.513	.946

※アミカケはリーグトップ

ホームラン・ベイカー

デッドボール時代を代表する真のホームランバッター

Home Run Baker

文●村田洋輔

PROFILE

本名ジョン・フランクリン・ベイカー。1886年3月13日、メリーランド州生まれ。1908年9月にアスレチックスに入団し、22歳でメジャーデビュー。リーグ優勝4回、世界一3回の黄金期を築いた1910年代前半のアスレチックスにおいて「10万ドルの内野陣」の一角を担った。1911年のワールドシリーズでは2本塁打を放ち、「ホームラン・ベイカー」と呼ばれるように。契約交渉のもつれから1915年はプレーせず、1916年2月に金銭トレードでヤンキースへ移籍。1920年は妻の死など家庭の事情もあって全休。1922年限りで現役引退。1963年6月28日、77歳で死去。本塁打王4回、打点王2回。1955年アメリカ野球殿堂入り。180cm78kg、右投左打、三塁手。1963年6月28日没。

殿堂入りする投手を粉砕し〝ホームラン〟の愛称を確立

ベーブ・ルースの出現によってメジャーリーグの野球が大きく変質し、ライブボール時代に突入したのが１９２０年。「野球を変えた男」としてホームランの代名詞のように語り継がれているルースだが、「ホームラン」の愛称を与えられたスラッガーがルース以前のメジャーリーグにはいた。アスレチックスの正三塁手として活躍したフランク・ベイカーだ。通算成績を見てみると、１９１１年から4年連続で本塁打王に輝いているとはいえ、キャリアハイは１９１３年の12本塁打、通算でも96本塁打に過ぎない。しかし、当時のメジャーリーグは10本塁打未満で本塁打王になることも珍しくなく、メジャー全体で1年間に４００～５００本程度しか本塁打が出ないような時代だった。ベイカーはそんな時代にホームランバッターとして活躍。とはいえ、ただ単にホームランバッターとして活躍しただけで「ホームラン」の愛称を与えられたわけではなかった。

ベイカーがホームランバッターとしての地位を不動のものとし、「ホームラン」の愛称を確立したと言われているのが1911年のワールドシリーズだ。前年のワールドシリーズ王者であるアスレチックスは、この年も101勝50敗という圧倒的な強さでア・リーグを制し、ワールドシリーズに進出。ナ・リーグの覇者、ジャイアンツと対戦した。のちにアメリカ野球殿堂入りを果たす好投手、クリスティ・マシューソンにわずか1得点に抑えられて初戦を落としたアスレチックスだったが、第2戦ではマシューソンと同様、のちに殿堂入りを果たすルーブ・マーカードから6回裏にベイカーが勝ち越し2ランを放ち、3対1で勝利。ベイカーは続く第3戦でも1点ビハインドの9回表一死走者なしの場面で、今度はマシューソンから起死回生の同点ソロを放ち、チームを2連勝に導いた。アスレチックスはこの勢いのままにジャイアンツを4勝2敗で破り、ワールドシリーズ2連覇を達成。のちに殿堂入りを果たす2人の好投手から試合の行方を左右する重要なホームランを放ったことにより、フランク・ベイカーは残りの人生を「ホームラン・ベイカー」として歩んでいくことになった。

「メジャー史上最高の内野陣」の一翼を担う

そのベイカーは１８８６年3月13日、メリーランド州トラップの農場に生まれた。トラップでは毎週土曜日に地元の野球チームの試合が行われ、多くの住民が観戦に訪れていたが、ベイカーによると「農民は投手戦を好まない。ドラマチックな試合が大好きで、クレバーな投手戦よりも長打の打ち合いのほうがドラマチックだと思われていた」という。強くバットを振って長打を量産するベイカーの打撃スタイルは、故郷の野球観がルーツとなっていたに違いない。セミプロやマイナーのチームでプレーしていたベイカーは、１９０８年9月、年齢による衰えが目立っていたジミー・コリンズに代わる三塁手を探していたコニー・マック（アスレチックス監督）の目に留まり、プロ野球選手としてのキャリアをスタートさせた。

１９０９年、アスレチックスは新たな本拠地としてシャイブ・パークを完成させたが、非常にサイズが大きく、「タイ・カッブ、サム・クロフォード、ハリー・デービスのような強打者でもフェンスオーバーすることはできないだろう」と言われていた。

ところが、5月29日のレッドソックス戦でベイカーは右翼フェンスを越える推定飛距離350フィートのホームランを放ったのだ。シャイブ・パークの右翼フェンスを越えたホームランはこれが初めてだった。マックはこの一打を「今までに見た中で最も遠くへ飛び、最も痛烈な打球だった」と振り返ったが、ベイカーはジャイアンツとのワールドシリーズで伝説的な2本のアーチを放つ2年前のシーズンに「ホームラン・ベイカー」の片鱗を覗かせていたということになる。この年、ベイカーはメジャー最多の19三塁打を記録する一方で、ホームランを4本しか打てなかったものの、8月9日のタイガース戦で再びシャイブ・パークの外野フェンスを越える一発を放っている。

また、ベイカーは「10万ドルの内野陣」の一角を担った選手としても知られている。「10万ドルの内野陣」とはアスレチックスが5年間でリーグ優勝4回、ワールドシリーズ制覇3回という黄金期を築いた1910年代前半のレギュラー内野手4人のことを指す。球団史上初のワールドシリーズ制覇を果たした1910年の時点で二塁のエディ・コリンズ、三塁のベイカー、遊撃のジャック・バリーはすでにレギュラーとなっていたが、翌年にスタフィー・マッキニスが一塁のレギュラーとなったことにより、

「10万ドルの内野陣」が完成した。この４人が揃って内野のレギュラーを務めたのは１９１１～14年の４年間だけだったが、マッキニスは１９１１年から４年連続打率３割、１９１２年から３年連続90打点以上を記録した好打者。コリンズは４年連続打率３割、１９１２年から３年連続50盗塁以上かつメジャー最多得点を記録するなど不動の３番打者として活躍し、バリーは強肩と広大な守備範囲を生かした好守でチームに貢献した。野球史家のビル・ジェームスは１９１４年のアスレチックスの内野陣を「メジャー史上最高の内野陣」と評しており、マックが「10万ドルと引き換えでも手放さない」と語ったことから「10万ドルの内野陣」と呼ばれるようになったと言われている。

しかし、そんな「10万ドルの内野陣」は１９１５年には解体されることになった。アスレチックスの財政難により、１９１４年12月にコリンズがホワイトソックスへ売却され、契約交渉がもつれたベイカーは１９１５年シーズンを欠場したからだ（バリーは１９１５年７月にレッドソックスへ売却、マッキニスは１９１８年１月にレッドソックスへトレード）。ア・リーグ会長のバン・ジョンソンから圧力を受けたマックは1916年2月にベイカーをヤンキースへ売却。しかし、1シーズンを棒に振ったことが影響したのか、ベイカーは移籍後、以前のようには活躍できなかった。1920年には妻が猩紅熱で亡くなり、幼い2人の娘も感染するという不幸に見舞われ、2度目のシーズン全休。1921年に復帰し、2年間プレーしてユニフォームを脱いだ。

飛ばないボールを飛ばしたプライド

ヤンキースには1920年にルースが加入しており、ベイカーは現役最後の2年間をルースのチームメイトとして過ごすことになったが、ルースの人気ぶりに嫉妬する気持ちもあったのか、「今のリトルリーガーたちは、僕たちが使ってきたボールを大人が打つようにボールを飛ばすことができる」とライブボール時代の野球に苦言を呈したという。デッドボール時代のボールをかっ飛ばし、「ホームラン」という愛称を得たベイカーだからこそ、大きく変質した野球に思うところがあったのだろう。飛ばないボールを飛ばすことにプライドを持っていたという点において、ベイカーはデッドボール時代を代表する真のホームランバッターであったと言える。

球史に残る偉大な三塁手であるベイカーが記者投票によるアメリカ野球殿堂入りを果たせなかったのは極めて不可解だが、1955年にベテランズ委員会の選考により殿堂入り。寡黙なベイカーはこのとき、「死んでから花束をもらうより、生きているうちにバラのつぼみをもらうほうがいい」と語ったという。その言葉から8年後の1963年6月28日、ベイカーは脳卒中により77歳でこの世を去った。

年度	チーム	試合	打数	得点	安打	二塁打	三塁打	本塁打	打点	四球	三振	盗塁	打率	出塁率	長打率	OPS
1908	アスレチックス	9	31	5	9	3	0	0	2	0	--	0	.290	.290	.387	.677
1909	アスレチックス	148	541	73	165	27	**19**	4	85	26	--	20	.305	.343	.447	.790
1910	アスレチックス	146	561	83	159	25	15	2	74	34	--	21	.283	.329	.392	.721
1911	アスレチックス	148	592	96	198	42	14	**11**	115	40	--	38	.334	.379	.508	.887
1912	アスレチックス	149	577	116	200	40	21	**10**	**130**	50	--	40	.347	.404	.541	.945
1913	アスレチックス	149	564	116	190	34	9	**12**	**117**	63	31	34	.337	.413	.493	.906
1914	アスレチックス	150	570	84	182	23	10	**9**	89	53	37	19	.319	.380	.442	.822
1915	プレーせず															
1916	ヤンキース	100	360	46	97	23	2	10	52	36	30	15	.269	.344	.428	.772
1917	ヤンキース	146	553	57	156	24	2	6	71	48	27	18	.282	.345	.365	.710
1918	ヤンキース	126	504	65	154	24	5	6	62	38	13	8	.306	.357	.409	.765
1919	ヤンキース	**141**	567	70	166	22	1	10	83	44	18	13	.293	.346	.388	.734
1920	プレーせず															
1921	ヤンキース	94	330	46	97	16	2	9	74	26	12	8	.294	.353	.436	.789
1922	ヤンキース	69	234	30	65	12	3	7	37	15	14	1	.278	.327	.444	.771
メジャー通算(13年)		1575	5984	887	1838	315	103	96	991	473	182	235	.307	.363	.442	.805

※アミカケはリーグトップ

現代のように本塁打が量産されなかった時代に、4年連続の本塁打王となったベイカー

ギャビー・クラバス

Gavvy Cravath

打者天国の本拠地にも助けられた遅咲きのホームラン打者

PROFILE

本名クリフォード・カールトン・クラバス。1881年3月23日、カリフォルニア州生まれ。1907年8月にボストン・アメリカンズ（現レッドソックス）に入団したが、メジャー定着には至らず、翌年はホワイトソックスとワシントン・セネタース（現ツインズ）でプレー。1910年からの2年間はマイナーで過ごし、1912年にフィリーズでメジャー定着を果たしたときには31歳になっていた。本拠地の狭さを生かして本塁打を量産し、1913年から3年連続、1917年から再び3年連続で本塁打王。1913年はMVP投票2位。1919年シーズン途中から監督を兼任し、1920年の現役引退とともに監督の座からも退いた。本塁打王6回、打点王2回。180cm84kg、右投右打、外野手。1963年5月23日没。

文●村田洋輔

痛烈な打球がカモメを直撃し「ギャビー」の愛称に

極端に打者有利な球場を本拠地にしていたために、成績のわりに評価されない打者は現代でも少なくない。「打者天国」と呼ばれるクアーズ・フィールドを本拠地とするロッキーズで活躍したトッド・ヘルトンやノーラン・アレナードがその代表例と言えるだろう。そして、それはデッドボール時代のメジャーリーグも例外ではなかった。

1913～19年の7年間で6度も本塁打王に輝き、1920年の現役引退時にはシーズン本塁打と通算本塁打の20世紀最多記録を保持していたギャビー・クラバスは、デッドボール時代を代表するホームランバッターの1人だが、アメリカ野球殿堂入りの記者投票で最高でも得票率1・2％しか獲得できず、現在に至るまで殿堂入りを果たしていないのだ。これには当時のフィリーズが本拠地としていたベイカー・ボウルの右翼がわずか272フィート（約83メートル）と極端に狭かったことが深く関係している。

クリフォード・カールトン・クラバスは1881年3月23日、カリフォルニア州エスコンディードで生まれた。高校時代は捕手を務めていたが、フットボール・チームのキャプテンとしても知られていた。高校卒業後は家族が移り住んだサンディエゴやサンタアナでセミプロの野球選手としてプレーする傍ら、燻製《くんせい》職人や電信技師として働き、生計を立てていたと言われる。

本名からもわかるように、「ギャビー」というのはニックネームである。1900年代初頭の日曜日、セミプロの試合でプレーしていたクラバスが放った痛烈な打球が飛行中のカモメに直撃し、カモメを殺してしまった。試合を観戦していたメキシコ人が「ガビオタ」（カモメを意味するスペイン語）と叫んだところ、アメリカ人がクラバスへの声援と勘違いし、これがきっかけで「ギャビー」という愛称で呼ばれるようになった。「ｓａｖｖｙ」という単語と同じリズムで発音されるため、スポーツ記者たちは「Ｇａｖｖｙ」というスペルを用いたが、クラバス自身は「Ｇａｖｖｙ」と綴っていた。また、西海岸の出身であることや、トゲのある性格から「カクタス」（サボテンを意味する英単語）という愛称もあったが、クラバス自身はこれを好まず、サインに使うことは1度もなかったという。

右方向へアーチを架ける技術を磨いた2年間

当時はまだ西海岸にメジャーリーグの球団がなく、クラバスは1903年に独立リーグのロサンゼルス・エンゼルスでプロ野球選手としてのキャリアをスタートした。1907年までの5年間で4度の優勝に貢献し、1907年にはMVPを受賞。そして、1907年8月にボストン・アメリカンズ（現レッドソックス）に売却され、西海岸に住む人々にとって「イースタン・リーグ」に過ぎなかったメジャーリーグでのキャリアを開始することになった。デッドボール時代は「インサイド・ベースボール」（球場の内側で行われる野球）が主流だったが、クラバスは当時の選手には珍しく、「シングルヒットはボクシングの左ジャブのようなものだが、ホームランはノックアウト・パンチだ」と打球を球場の外側へ運ぶホームランに価値を見出していた。「打撃についてのアドバイスは、強くボールを叩くこと以外にはない。フック・スライディングとスピードを武器に塁を盗む選手もいるが、僕はバットで塁を盗むのさ」と豪語したように、長打力には絶対の自信を持っていたクラバスだったが、当時のアメリカンズはトリス・スピーカーやハリー・フーパーといった俊足の外野手を好み、クラバスは１９０９年2月にホワイトソックスへ放出されてしまった。

クラバスはホワイトソックスでも目立った活躍ができず、１９０９年5月に今後はワシントン・セネタース（現ツインズ）へトレードされてしまう。

ところが、これがクラバスにとって大きな転機となった。セネタース監督のジョー・カンティロンは独立リーグのミネアポリス・ミラーズのオーナーも務めており、クラバスがセネタースで4試合に出場して6打数ノーヒットに終わると、クラバスをミラーズへ送り込んだのだ。ミラーズが本拠地としていたニコレット・パークは右翼が279フィート（約85メートル）と極端に狭く、高さ30フィート（約9メートル）のフェンスが立てられていた。右打者のクラバスはこの球場で右方向へアーチを架ける技術を磨いた。１９１０～11年のミラーズはデッドボール時代における最高のマイナー球団の1つと言われているが、クラバスはこのミラーズで主砲として大活躍。１９１０年は打率・３２７、14本塁打、翌年には打率・３６３、29本塁打という素晴らしい成績を残した。クラバスがあまりにもホームランを打ちすぎるため、右翼後方にある紳士服店が迷惑を被り、カンティロンが「これ以上右翼フェンスを越えるホームランを打ったら50ドルの罰金を科す」とクラバスを脅したというエピソードも残っている。

遅咲きメジャーデビュー。引退後は判事で活躍

ミラーズで大活躍を見せたクラバスは、ミラーズの事務的なミスにより1911年シーズン終了後にフリーエージェントとなり、フィリーズと契約してメジャー復帰を果たした。

1908年にメジャーデビューした時点ですでに27歳だったクラバスは、フィリーズの正右翼手となった1912年には31歳になっていた。しかし、フィリーズの本拠地であるベイカー・ボウルは、ミラーズの本拠地であるニコレット・パークと同様に右翼が極端に狭く、ミラーズでの2年間で右方向への打撃に磨きをかけたクラバスはホームランを量産。1915年には20世紀のシーズン最多記録を更新する24本塁打を

放ち、38歳となった1919年にもわずか214打数でリーグ最多の12本塁打を記録した。また、1913年には安打、本塁打、打点、長打率、OPSの5部門でリーグトップの数字を残し、MVP投票で2位にランクインしたが、「この年はクラバスが受賞すべきだった」との声が少なくない。しかし、その一方で「クラバスの好成績はベイカー・ボウルに助けられたものだ」と主張する声もあり、このあたりは現代の「クアーズ論争」に通ずるものがある。

クラバスは1919年シーズンの途中から監督を兼任することになり、代打での出場が多くなった。1919年は代打での19打席で2本塁打を含む6安打を放ち、翌年はリーグ最多となる12本の代打安打を記録。「優秀なピンチヒッターはチームにとって貴重な存在であり、そうした選手のいるチームは多くの試合に勝つことができる。ピンチヒッターの出番はボールが見えにくくなる午後の遅い時間が多い。投手と何度も顔を合わせるチャンスもない。でも、僕はピンチヒッターで試合に出るのが好きだ」と語っており、打撃に絶対の自信を持っていたことがうかがえる。

クラバスは1920年限りで現役を引退し、その後は故郷のカリフォルニアに戻り、

30年以上にわたって判事を務めた。場合によっては判事としての活躍のほうが有名で、ベーブ・ルースに抜かれるまでシーズン本塁打と通算本塁打の20世紀最多記録を保持していたことを知らない人も多かったと言われる。

殿堂入りという形でクラバスの活躍が評価されなかったのは残念だが、「何度も打球がフェンスに当たって損をした。フェンスがなければ三塁打や本塁打になっていた打球もたくさんあった」とベイカー・ボウルでホームランを量産したことに誇りを持っていたクラバスは、間違いなくデッドボール時代を代表するホームランバッターの1人だった。

年度	チーム	試合	打数	得点	安打	二塁打	三塁打	本塁打	打点	四球	三振	盗塁	打率	出塁率	長打率	OPS
1908	レッドソックス	94	277	43	71	10	11	1	34	38	--	6	.256	.354	.383	.737
1909	ホワイトソックス	19	50	7	9	0	0	1	8	19	--	3	.180	.406	.240	.646
	セネタース	4	6	0	0	0	0	0	1	1	--	0	.000	.143	.000	.143
1910	マイナーでプレー															
1911	マイナーでプレー															
1912	フィリーズ	130	436	63	124	30	9	11	70	47	77	15	.284	.358	.470	.828
1913	フィリーズ	147	525	78	**179**	34	14	**19**	**128**	55	63	10	.341	.407	**.568**	**.974**
1914	フィリーズ	149	499	76	149	27	8	**19**	100	83	72	14	.299	.402	.499	**.901**
1915	フィリーズ	150	522	**89**	149	31	7	**24**	**115**	**86**	77	11	.285	**.393**	**.510**	**.902**
1916	フィリーズ	137	448	70	127	21	8	11	70	64	**89**	9	.283	**.379**	.440	.819
1917	フィリーズ	140	503	70	141	29	16	**12**	83	70	57	6	.280	.369	.473	.842
1918	フィリーズ	121	426	43	99	27	5	**8**	54	54	46	7	.232	.320	.376	.696
1919	フィリーズ	83	214	34	73	18	5	**12**	45	35	21	8	.341	.438	.640	1.078
1920	フィリーズ	46	45	2	13	5	0	1	11	9	12	0	.289	.407	.467	.874
メジャー通算(11年)		1220	3951	575	1134	232	83	119	719	561	514	89	.287	.380	.478	.858

※アミカケはリーグトップ

フィリーズに移籍すると数々のタイトルを獲得したクラバス。引退後は判事としても活躍した

第二次世界大戦前後のホームランバッター

1940－1950年代

第二次世界大戦を挟んだこの時代は、ヤンキースのジョー・ディマジオとレッドソックスのテッド・ウィアリムスがしのぎを削り、後にはブレーブスでアーロンとエディ・マシューズのコンビが強打を振るったが、この４人はいずれもシーズン50本を超えたことがない。

40年代前半のナ・リーグを席巻したパイレーツのラルフ・カイナー、ヤンキースでディマジオの後を継いで時代の寵児となっていく両打のミッキー・マントル、そしてジャイアンツで人気を博した〝セイ・ヘイ・キッド〟ウィリー・メイズを、ここでは紹介していこう。

Mickey Mantle

ミッキー・マントル

数々の強打伝説を残した希代のスイッチヒッター

文●村田洋輔

PROFILE

本名ミッキー・チャールズ・マントル。1931年10月20日、オクラホマ州生まれ。1949年にヤンキースと契約し、1951年4月に19歳でメジャーデビュー。翌年には早くもチームの主力選手へと成長し、1955年に初の本塁打王、1956年は三冠王に輝いた。同僚のロジャー・マリスと本塁打王争いを繰り広げた1961年は自己最多の54本塁打。現役最終年の1968年まで18年連続で2ケタ本塁打を記録し、通算536本塁打はスイッチヒッターで歴代最多。1995年8月13日、63歳で死去。MVP3回、首位打者1回、本塁打王4回、打点王1回、オールスター・ゲーム選出20回、ゴールドグラブ賞1回、1974年アメリカ野球殿堂入り。180cm89kg、右投両打、外野手。1995年8月13日没。

早死にするという勝手な思い込みから過度な不摂生

スイッチヒッター史上最多の通算536本塁打を記録し、1956年にスイッチヒッターとして史上唯一の三冠王に輝いたミッキー・マントルは「史上最高のスイッチヒッター」と呼ばれている。フィル・リズートが「あんなにボールを強く叩く打者を見たことがない。彼がバットを振っていると、思わず立ち止まって眺めてしまうのさ」と語り、トム・トレッシュが「僕たちはミッキーがプレーしている限り、負けるとは思わなかった。重要なのは、僕たちにはミッキーがいて、相手チームにはいなかったということだ」と述べたように、マントルの才能は同僚から高く評価されていたが、主にアスレチックスで活躍したガス・ザーニアルは「僕が今まで観てきた中で最高の打者はテッド・ウィリアムズ、最も完璧な選手はジョー・ディマジオ、そして最もワクワクする選手はミッキー・マントルだ」と評しており、マントルは他球団の選手をも魅了するスーパースターだった。

しかし、輝かしい実績を残したマントルは順風満帆のキャリアを過ごしたわけではない。祖父や父が早くして亡くなったため、自分も早死にすると思い込み、過度な飲酒や夜遊びなど、私生活は荒れに荒れた。また、度重なる故障にも悩まされた。特に1951年のワールドシリーズで負った右膝の重傷は、マントルのキャリアに大きなダメージを与えたと言われており、1960年代から70年代にかけてヤンキースで監督を務めたラルフ・ハウクは「もしミッキーの足がキャリアを通して健康だったら、信じられないような選手になっていただろう」と語っている。つまり、マントルはポテンシャルをフルに発揮できない中で殿堂入りのキャリアを過ごしたのだ。

アスリート人生の危機を回避

そのマントルは1931年10月20日、オクラホマ州スパビナウで生まれた。父は当時「球界最高の捕手」と呼ばれていたミッキー・カクレーンの大ファンで、男の子が生まれたらミッキーと名付けることを決めていた。実は「ミッキー」はニックネームであり、カクレーンの本名はゴードン・スタンリー・カクレーン。マントルの父はカクレーンの大ファンでありながら、それを知らなかった。マントルはのちに「父がカクレーンの本名を知らなくて安心した。ゴードンという名前は嫌だから」と語ったという。しかし、マントルは父のことを非常に尊敬し、「僕が知っている中で最も勇敢な男」と表現。「僕以上に父を愛した男の子はいないと思う」とまで言った。

マントルが3歳のときに家族はオクラホマ州コマースへ移り住み、マントルはそこで祖父と父から野球を学んだ。父は「将来的にメジャーリーグの監督はプラトーンシステムを採用する」と予想しており、生まれつき右利きだったマントルに左打ちの練習をさせる必要があると考えていた。最初は抵抗を示していたマントルだが、父の説得の前に屈し、本格的にスイッチヒッターになるための練習を開始。マントルは当時の練習について「父は右投げだったから、僕は左で打った。祖父は左投げだったから、僕は右で打った。そういうふうにして彼らは僕に両打ちを教えてくれたのさ」と振り返っている。

高校進学後、野球だけでなく、バスケットボールやフットボールの選手としても活躍していたマントルだが、2年生のときにアスリート人生の危機に陥った。フットボールの練習試合で左足を蹴られ、足首が通常の3倍に腫れあがり、40度の高熱が出た。地元の病院で診察を受けた結果、骨髄炎と診断され、医者は両親に対して「命を救うためには足を切断する必要がある」と伝えた。しかし、両親は諦めずに別の病院にセカンドオピニオンを求めた。骨髄炎という診断は変わらなかったものの、幸いにも数年前にペニシリンによる治療法が発見されており、マントルは足の切断を回避することができた。こうしてアスリート人生の危機を脱したマントルは、セミプロのチームでプレーしていたときにヤンキースのスカウトに才能を発掘され、高校卒業後にプロ野球選手としてのキャリアをスタートした。

マイナーでの最初の2年間で期待通りの活躍を見せたマントルは、1951年のスプリング・トレーニングで背番号6のユニフォームを与えられる。これは「背番号3のベーブ・ルース、4のルー・ゲーリッグ、5のジョー・ディマジオに続くスターになってほしい」というチームからの期待が込められた番号だった。ただし、マントル自身はその番号を好まず、期待をかけられることも嫌がっていたという。3月にディマジオがこの年限りでの現役引退を表明したこともあり、「ディマジオの後継者」としてマントルにかけられる期待は否が応でも高まっていった。

マイナー時代の遊撃手から右翼手にコンバートされて開幕を迎えたマントルは、シーズン序盤こそ期待に応える活躍を見せていたものの、徐々に失速。マイナー降格を命じられ、父に電話をかけて「もうプレーできない。家に帰りたい」と弱音を漏らした。これを聞いた父はコマースから車を走らせ、カンザスシティのホテルに直行。「お前の泣き言なんか聞きたくない。俺は臆病者を育てた覚えはない。男を育てたんだ」とマントルを一喝した。これで気持ちを入れ替えたマントルは、マイナーで見事な活躍を見せ、メジャーへ再昇格。のちに永久欠番となる背番号7のユニフォームを着ることになった。

前十字靭帯が切れたままで17シーズンをプレーした説も

挫折を乗り越えて真のメジャーリーガーとなったマントルだが、さらなるアクシデントが待っていた。1951年のア・リーグを制したヤンキースは、ワールドシリー

ヤンキース一筋18年。本塁打王4度、シーズンMVP3度、ワールドシリーズ12回出場で（60試合）18ホーマー、40打点という記録を残した

ズでジャイアンツと対戦したが、その第2戦でウィリー・メイズが右中間へ放った打球を追いかけた際、ライトを守っていたマントルはセンターのディマジオとの激突を回避するためにスピードを緩め、そのときにスパイクの刃が排水溝のゴムのカバーに挟まって右膝を痛めてしまったのだ。普段は冷たく、よそよそしい態度だったディマジオが思わず「大丈夫か？　動くなよ」と声をかけたほどの重傷で、遠い場所から見ていた人々は「マントルが銃で撃たれた」と勘違いしたという。正確な情報は残っていないものの、このときマントルは右膝の前十字靭帯を断裂していたと言われている。しかも、現代とは違って適切な治療法がなく、「靭帯が切れたまま残りの17シーズンをプレーした」との説もある。

ＭＶＰ３度、ワールドシリー

ズ歴代最多の18本塁打など輝かしいキャリアを過ごし、首都ワシントンのグリフィス・スタジアムで放った565フィート（約172メートル）とも言われる特大アーチ（1953年）、旧ヤンキー・スタジアムの場外に飛び出しそうになった豪快なホームラン（1963年）など数々の伝説を残したマントル。ケーシー・ステンゲル（＝1949～60年にヤンキースを率いた殿堂入りの名監督）は、「彼以上のスピードを持つスラッガーは見たことがない。彼以上のパワーを持ったスピードスターも見たことがない。凄すぎるよ」と語ったが、もしマントルが心身ともに健康にプレーしていたら、いったいどんな成績を残していたのだろうか。

過度な飲酒の結果、肝臓がんに冒されたマントルは、亡くなる1ヶ月前に「私のようにならないでほしい」と言い残したが、故障に悩まされようとも、肝臓がんに冒されようとも、ほとんどの人はマントルのようなスーパースターになりたかったのではないだろうか。

年度	チーム	試合	打数	得点	安打	二塁打	三塁打	本塁打	打点	四球	三振	盗塁	打率	出塁率	長打率	OPS
1951	ヤンキース	96	341	61	91	11	5	13	65	43	74	8	.267	.349	.443	.792
1952	ヤンキース	142	549	94	171	37	7	23	87	75	**111**	4	.311	.394	.530	**.924**
1953	ヤンキース	127	461	105	136	24	3	21	92	79	90	8	.295	.398	.497	.895
1954	ヤンキース	146	543	**129**	163	17	12	27	102	102	**107**	5	.300	.408	.525	.933
1955	ヤンキース	147	517	121	158	25	**11**	**37**	99	**113**	97	8	.306	**.431**	**.611**	**1.042**
1956	ヤンキース	150	533	**132**	188	22	5	**52**	**130**	112	99	10	**.353**	.464	**.705**	**1.169**
1957	ヤンキース	144	474	**121**	173	28	6	34	94	**146**	75	16	.365	.512	.665	1.177
1958	ヤンキース	150	519	**127**	158	21	1	**42**	97	**129**	**120**	18	.304	.443	.592	1.035
1959	ヤンキース	144	541	104	154	23	4	31	75	93	**126**	21	.285	.390	.514	.904
1960	ヤンキース	153	527	**119**	145	17	6	**40**	94	111	**125**	14	.275	.399	.558	**.957**
1961	ヤンキース	153	514	132	163	16	6	54	128	**126**	112	12	.317	.448	**.687**	1.135
1962	ヤンキース	123	377	96	121	15	1	30	89	**122**	78	9	.321	**.486**	**.605**	**1.091**
1963	ヤンキース	65	172	40	54	8	0	15	35	40	32	2	.314	.441	.622	1.063
1964	ヤンキース	143	465	92	141	25	2	35	111	99	102	6	.303	**.423**	.591	**1.015**
1965	ヤンキース	122	361	44	92	12	1	19	46	73	76	4	.255	.379	.452	.831
1966	ヤンキース	108	333	40	96	12	1	23	56	57	76	1	.288	.389	.538	.927
1967	ヤンキース	144	440	63	108	17	0	22	55	107	113	1	.245	.391	.434	.825
1968	ヤンキース	144	435	57	103	14	1	18	54	106	97	6	.237	.385	.398	.782
メジャー通算(18年)		2401	8102	1677	2415	344	72	536	1509	1733	1710	153	.298	.421	.557	.977

※アミカケはリーグトップ

Willie Mays

ウィリー・メイズ

鋼の肉体を持つ史上最高の〝5ツールプレーヤー〟

文●村田洋輔

PROFILE

本名ウィリー・ハワード・メイズ。1931年5月6日、アラバマ州生まれ。ニグロリーグでプロデビューし、1950年6月にジャイアンツと契約。翌年5月に20歳でメジャーデビューして新人王。1952年途中から兵役につき、復帰した1954年からはメジャーを代表する5ツールプレーヤーとして活躍。この年のワールドシリーズで見せた「ザ・キャッチ」は語り草。1955年に初の本塁打王、翌年から4年連続盗塁王、1965年は自己最多の52本塁打。1972年途中にジャイアンツの元本拠地ニューヨークに戻り、翌年までメッツでプレーして現役引退。MVP2回、首位打者1回、本塁打王4回、盗塁王4回、オールスター・ゲーム選出24回、ゴールドグラブ賞12回、1979年アメリカ野球殿堂入り。180cm81kg、右投右打、外野手。

観客を魅了したスーパースターの資質

メジャーリーグ史上最も完璧な選手は誰か？　という問いに対し、真っ先に名前が挙がるのはウィリー・メイズだろう。メイズのメジャーデビュー時にジャイアンツを率いていたレオ・ドローチャーは「もし誰かが現れて、打率・450を打ち、100盗塁を記録し、毎日フィールドで奇跡的なパフォーマンスを見せたとしても、私はあなたの目をまっすぐに見て、ウィリー・メイズのほうが優れていたと言う。彼はヒットを打つ、長打を打つ、走る、投げる、守るというスーパースターになるために必要な5つのことをすべてこなすことができた。それだけでなく、カリスマ性という真のスーパースターの要素も持ち合わせていた。彼が部屋に入ってくると、場が明るくなる。彼は一緒にいるのが楽しい男だった」と記しているが、メイズはドローチャーが評した通りのスーパースターだった。

メイズは史上6位（現役引退時点ではベーブ・ルース、ハンク・アーロンに次ぐ3位）の660本塁打を放ったホームランバッターでありながら、通算打率は3割を超え、1956年から4年連続で盗塁王に輝いた。当時はまだ「30―30」(30本塁打&30盗塁)があまり注目を集めていなかったため、メイズは1956〜57年の2度しか達成していない(メイズ以前の達成者は1922年のケン・ウィリアムスだけ)が、「30―30」の価値が確立された時代にプレーしていれば、毎年のように「30―30」を達成し、「40―40」や「50―50」を達成していた可能性すらある。

また、プロ入り前やマイナー時代から強肩好守で鳴らし、1957年にゴールドグラブ賞の表彰が開始されると1968年まで12年連続で受賞。外野手としてはロベルト・クレメンテと並ぶ歴代最多タイだが、もっと前からゴールドグラブ賞が存在していれば、メイズが間違いなく単独トップとなっていたはずだ。そもそも歴代トップクラスの通算打撃成績を誇りながら守備でのスーパープレーがキャリアのハイライトとして語り継がれているという点において、メイズは歴代のホームランバッターの中でも極めて異質な存在と言える。

ワールドシリーズでの「ザ・キャッチ」

そのメイズは1931年5月6日、アラバマ州ウエストフィールドで生まれた。父は製鉄工場で働きながらセミプロの野球選手としてプレーし、母は高校時代に陸上競技やバスケットボールで活躍。小作農だった祖父もピッチャーの経験があり、アスリートの家系に生まれたメイズも身体能力に恵まれた。

セミプロのチームとニグロリーグを経て、1950年にジャイアンツと契約したメイズは、メジャー1年目の1951年から正中堅手として活躍し、新人王を受賞。1952年シーズンの途中から朝鮮戦争に出兵し、1953年はシーズンを棒に振ることになったが、1954年にジャイアンツに復帰すると、その後は瞬く間にスーパースターへの階段を駆け上がっていった。

メイズのキャリアのハイライトとして語り継がれ、「ザ・キャッチ」として知られているのが1954年のワールドシリーズ第1戦で見せた超ファインプレーだ。この年はインディアンスがシーズン111勝という圧倒的な強さでア・リーグを制し、ワールドシリーズでも優勢とみられていた。2対2の同点で迎えた第1戦の8回表、インディアンスの代打ビック・ワーツが無死一、二塁のチャンスで放った打球はセンターの頭上を襲う大飛球。当時のジャイアンツの本拠地、ポロ・グラウンズは左翼が280フィート（約85メートル）、右翼が258フィート（約79メートル）と極端に狭いのに対し、センターは483フィート（約147メートル）と異様に広く、ワーツの打球はセンターのメイズの頭上を越え、インディアンスに勝ち越し点をもたらすのは間違いないと思われた。ところが、メイズはトップスピードで落下点に駆け寄り、クオーターバックからのパスをワイドレシーバーがキャッチするかのように、後ろ向きで肩越しにこの打球を好捕。すぐさま内野へ返球し、二塁走者がタッチアップで一気に生還するのを防いだだけでなく、一塁走者が二塁へ進むのも阻止した。このピンチを無失点で切り抜けたジャイアンツは、10回裏にダスティ・ローズの3ラン本塁打でサヨナラ勝ち。メイズの「ザ・キャッチ」がシリーズの流れを引き寄せ、ジャイアンツは4連勝で21年ぶり5度目のワールドシリーズ制覇を成し遂げたのだった。

メイズはこのプレーについて、のちに「ボールをキャッチするためには（目でボールを追うことなく）走り続けなければならないことに気付いた」と語っている。

メジャー各球団が黒人選手を採用するのを加速

このワールドシリーズの歴史に残る超ファインプレーを称え、2017年9月にメジャーリーグ機構はワールドシリーズMVPを「ウィリー・メイズ賞」とすることを発表したが、皮肉なことにメイズ自身はワールドシリーズMVPを1度も受賞していない。ワールドシリーズ制覇を経験したのも1954年の1度だけであり、ワールドシリーズにはジャイアンツ時代に3度、メッツ時代に1度出場して1本もホームランを打てなかった。しかし、その一方でオールスター・ゲームには歴代2位タイとなる24度も出場しており、1963年と1968年にMVPを受賞。複数回の受賞は史上初の快挙だった。「野球選手はエンターテイナーであり、自分の仕事は毎試合ファンに話題を提供することだ」と考えていたメイズは、オールスター・ゲームの舞台でも手を抜かずに全力プレーを見せ、通算23安打、20得点、3三塁打、6盗塁はいずれも歴代最多記録となっている。レッドソックスの名打者、テッド・ウィリアムスは「オールスター・ゲームはウィリー・メイズのために作られた」と語ったほどだ。

また、メイズの功績として、メジャー各球団が黒人選手を採用するのを加速させた点に触れないわけにはいかない。野球史家のジュールス・ティジエルは「メイズは議論の余地のない優秀さを示し、人種の統合に最も抵抗した一部の人々を除き、アフリカ系アメリカ人を採用する必要性を納得させた」と述べている。

人種の壁を破ったのはドジャースのジャッキー・ロビンソンだったが、人種の壁が打ち破られたからといって、各球団が積極的に黒人選手を採用したわけではなかった。先行して黒人選手を採用して成功を収めた球団が1950～60年代のメジャーリーグで

日本でいうところの走攻守三拍子に、カリスマ性まで備えていたメイズ。華麗なプレーでオールスター・ゲームには24度出場した

優位に立ち、他球団がそれに追随する形で徐々に黒人選手の採用を進めていった。メイズ自身は人種問題について口を閉ざす傾向があり、ロビンソンやハンク・アーロンに苦言を呈されることもあったが、「自分の仕事は野球であり、社会問題について語ることではない」と考えていた。その言葉の通り、メイズは野球選手としてフィールド上で活躍することによって、黒人選手の地位向上を実現させたというわけだ。

メイズと一緒にプレーし、アーロンやフランク・ロビンソンといった名選手との対戦経験があり、バリー・ボンズ（メイズはボンズの名付け親である）の監督を務めたフェリペ・アルーは「間違いなくメイズがナンバーワンだ。彼と一緒にプレーした人も、彼と対戦したことがある人も、彼がベストだということに同意すると思う」と断言する。

２０２１年のシーズン終了時点で、存命の殿堂入り選手のなかで最年長（90歳）となったメイズ。メジャー史上最も完璧な選手は、現役時代に誰よりもエネルギーと愛情を注いだ野球を、今日も優しく見守っているに違いない。

年度	チーム	試合	打数	得点	安打	二塁打	三塁打	本塁打	打点	四球	三振	盗塁	打率	出塁率	長打率	OPS
1951	ジャイアンツ	121	464	59	127	22	5	20	68	57	60	7	.274	.356	.472	.828
1952	ジャイアンツ	34	127	17	30	2	4	4	23	16	17	4	.236	.326	.409	.736
1953	兵役のためプレーせず															
1954	ジャイアンツ	151	565	119	195	33	**13**	41	110	66	57	8	**.345**	.411	**.667**	**1.078**
1955	ジャイアンツ	152	580	123	185	18	**13**	51	127	79	60	24	.319	.400	**.659**	**1.059**
1956	ジャイアンツ	152	578	101	171	27	8	36	84	68	65	**40**	.296	.369	.557	.926
1957	ジャイアンツ	152	585	112	195	26	**20**	35	97	76	62	**38**	.333	.407	**.626**	1.033
1958	ジャイアンツ	152	600	**121**	208	33	11	29	96	78	56	**31**	.347	.419	.583	**1.002**
1959	ジャイアンツ	151	575	125	180	43	5	34	104	65	58	**27**	.313	.381	.583	.964
1960	ジャイアンツ	153	595	107	**190**	29	12	29	103	61	70	25	.319	.381	.555	.936
1961	ジャイアンツ	154	572	**129**	176	32	3	40	123	81	77	18	.308	.393	.584	.977
1962	ジャイアンツ	162	621	130	189	36	5	**49**	141	78	85	18	.304	.384	.615	.999
1963	ジャイアンツ	157	596	115	187	32	7	38	103	66	83	8	.314	.380	.582	.962
1964	ジャイアンツ	157	578	121	171	21	9	**47**	111	82	72	19	.296	.383	**.607**	**.990**
1965	ジャイアンツ	157	558	118	177	21	3	**52**	112	76	71	9	.317	**.398**	**.645**	**1.043**
1966	ジャイアンツ	152	552	99	159	29	4	37	103	70	81	5	.288	.368	.556	.924
1967	ジャイアンツ	141	486	83	128	22	2	22	70	51	92	6	.263	.334	.453	.787
1968	ジャイアンツ	148	498	84	144	20	5	23	79	67	81	12	.289	.372	.488	.860
1969	ジャイアンツ	117	403	64	114	17	3	13	58	49	71	6	.283	.362	.437	.798
1970	ジャイアンツ	139	478	94	139	15	2	28	83	79	90	5	.291	.390	.506	.897
1971	ジャイアンツ	136	417	82	113	24	5	18	61	**112**	123	23	.271	**.425**	.482	.907
1972	ジャイアンツ	19	49	8	9	2	0	0	3	17	5	3	.184	.394	.224	.618
	メッツ	69	195	27	52	9	1	8	19	43	43	1	.267	.402	.446	.848
1973	メッツ	66	209	24	44	10	0	6	25	27	47	1	.211	.303	.344	.647
メジャー通算(22年)		2992	10881	2062	3283	523	140	660	1903	1464	1526	338	.302	.384	.557	.941

※アミカケはリーグトップ

ラルフ・カイナー

Ralph Kiner

バットとマイクの両方で球史に名を残したアーチスト

文●村田洋輔

PROFILE

本名ラルフ･マクファーラン･カイナー。1922年10月27日、ニューメキシコ州生まれ。1941年にパイレーツと契約したが、第二次世界大戦で兵役についたため、メジャーデビューは1946年。いきなり23本塁打を放って本塁打王のタイトルを獲得し、この年から7年連続本塁打王。自己最多の54本塁打を放った1949年には打点王にも輝いた。ブランチ・リッチーGMとの確執により1953年6月にカブスへトレードされ、現役最終年の1955年はインディアンスでプレー。背中の故障もあって32歳で現役を引退した。2014年2月6日、91歳で死去。本塁打王7回、打点王1回、オールスター・ゲーム選出6回、1975年アメリカ野球殿堂入り。188cm88kg、右投右打、外野手。2014年2月6日没。

ブロードキャスターとの二刀流

1962年のエクスパンション（＝球団拡張）でナ・リーグに誕生したメッツは、ラルフ・カイナーら3人をチーム専属のブロードキャスターとして雇い、ローテーションで試合中継を担当させた。この3人は22年後の1984年に揃ってメッツの球団殿堂入りを果たしたが、3人のうちカイナーが最後まで残り、2013年までブロードキャスターを務めた。1961年のホワイトソックス時代も含めると、実に53年間にわたってブロードキャスターとして活躍したカイナーは、もともとは第二次世界大戦直後のパイレーツで活躍したホームランバッターだった。ブレーブスのエースとして活躍した殿堂入りの名投手、ウォーレン・スパーンはカイナーのプレースタイルを「カイナーはひと振りで相手チームのリードを打ち消してしまう」と端的に表現している。

カイナーは1922年10月27日、ニューメキシコ州サンタリタで生まれた。父はパン屋を営み、母は第一次世界大戦中にフランスで看護師として従軍した経験を持っていたが、カイナーが4歳のときに父が亡くなり、母はロサンゼルス近郊のカリフォルニア州アルハンブラで仕事をすることになった。雨が少なく、太陽の光が降り注ぐこの地で、カイナーは野球の技術を身につけていった。子供のころはヤンキースがスポンサーを務めるチームで遊撃手としてプレー。しかし、カイナーの才能に惚れ込んだパイレーツのスカウト、ホリス・サーストンが「ウチのほうが選手層の厚いヤンキースよりもチャンスがある」と説得し、カイナーはアルハンブラ高校を卒業したあとパイレーツに入団した。

転機となった師匠との出会い

１９４１年、カイナーはメジャーより2階級下のリーグで外野手としてプロ生活をスタートした。投手有利な環境のリーグで１９４１年に11本塁打、翌年は14本塁打を放つなど長打力を発揮し、１９４３年は1階級上のリーグで開幕を迎えたが、シーズン途中で海軍航空隊に入隊。飛行機を操縦して日本軍の潜水艦を探す任務に就いた。入隊期間中は「ほとんどバットに触れることはなかった」そうだが、１９４６年のスプリング・トレーニングでパイレーツに復帰したとき、体重は20ポンド（約９キロ）も増え、立派な野球選手の身体になっていた。当時パイレーツの監督を務めていたフランキー・フリッシュは23歳の外野手の才能を高く評価し、「史上最高の外野手になるような気がする」とカイナーに大きな期待を寄せた。

フリッシュの期待に応えるように、カイナーはメジャー1年目から自慢の長打力を発揮して本塁打王のタイトルを獲得。しかし、１本差の2位だったジョニー・マイズが手首の骨折で数週間を欠場していたこともあり、カイナーは「タイトルを獲得できたのは偶然だった」と認めている。

また、両リーグ最多の１０９三振を喫するなど、打撃には穴が多かった。そこでパイレーツはア・リーグで通算４度の本塁打王に輝いていたハンク・グリーンバーグをカイナーの教育係とすることを決断。タイガースから金銭トレードでグリーンバーグを獲得した。パイレーツの狙い通りにグリーンバーグはカイナーと師弟関係を築き、「成功するための方法はハードワークすることだ」と教えを説いた。カイナーはグリーンバーグについて「最も影響を受けた人物」と述べ、「僕をプルヒッターにして自信をつけさせてくれた」と感謝を口にしている。

〝カイナーズ・コーナー〟誕生で7年連続本塁打王

カイナーにとってグリーンバーグの教え以上に大きかったのは、本拠地の左翼フェンスが大きく前に出されたことだ。パイレーツは36歳のグリーンバーグがホームランを量産できるよう、左翼にブルペンを設置してフェンスを前に出した。これにより左翼は30フィート（約9メートル）も狭くなり、グリーンバーグだけでなくカイナーも大きな恩恵を受けた。このエリアはもともと「グリーンバーグ・ガーデン」と呼ばれていたが、いつしか「カイナーズ・コーナー」と改称。カイナーはこの「カイナーズ・コーナー」の助けも借りて7年連続本塁打王というメジャー記録を樹立した。また、高給取りのカイナーについて「ホームランバッターはキャデラックに乗り、シングルヒットを打つ打者はフォードに乗る」という名言も生まれた。カイナー自身の発言と誤解されることも多いが、これはカイナーの同僚だったフリッツ・オスターミュラーの発

デビューから7年連続で本塁打王のタイトルを独占したカイナー。当時のパイレーツは弱かったが、本拠地フォーブス・フィールドは彼の本塁打を見にファンが押し寄せた

言。カイナーは実際にキャデラックに乗っていたらしいが、オスターミュラーがフォードに乗っていたかどうかは定かではない。

カイナーの活躍がありながらも低迷が続くパイレーツは、カージナルスやドジャースを強豪チームへと変貌させたブランチ・リッキーを1950年にゼネラルマネージャーとして迎え入れたが、チームは最下位に転落。カイナーの年俸が高騰していたこともあり、リッキーはカイナー放出への動きを水面下で進めていく。次第に表立ってカイナーの批判を始めるようになり、2人の関係性は悪化。リッキーの発言としては「お前がいても最下位なのだから、お前がいなくても最下位になれる」があまりにも有名だ。そして、最終的にカイナーは1953年6月にカブスへトレードされたが、「リッキーはパイレーツでチーム作りに失敗し、カイナーをスケープゴートにした」と見る向きもある。その後、カブスで1年半、インディアンスで1年プレーしたカイナーは、背中と腰の故障により32歳の若さで現役引退を決断。通算本塁打は369本にとどまったものの、引退時点では史上6位の大記録だった。

キャスターとして自分の名前を言い間違える

引退したカイナーはインディアンス傘下のマイナー球団であるサンディエゴ・パドレスでゼネラルマネージャーに就任した。このチームはアナウンサーを雇うだけの余裕がなく、カイナーは自らブロードキャスト部門の仕事も担うようになった。

1961年にグリーンバーグがゼネラルマネージャーを務めるホワイトソックスにブロードキャスターとして採用され、翌年にはメッツのブロードキャスト部門に加入。ここからカイナーの長いブロードキャスター人生がスタートした。試合中継だけでなく、試合終了後の番組も担当するようになり、カイナーはこの番組をパイレーツ時代の本拠地球場の一角にちなんで「カイナーズ・コーナー」と名付けた。

ブロードキャスターとしてのカイナーは、どちらかと言えば「愛されキャラ」的な存在であり、選手名の言い間違えが多いことで知られていた。自分の名前を「ラルフ・コーナー」と言い間違えたことすらあったという。また、「ソロホームランは通常、ランナーがいないときに出る」や「彼のセーブはすべてリリーフ登板で記録されている」といった「迷言」も多かった一方、ゴールドグラブ賞8度の名外野手、ギャリー・マドックスの守備について「地球の3分の2は水に覆われているが、残りの3分の1はマドックスがカバーしている」と語るなど、洒落た表現で世間を沸かせることもあった。

カイナーはメッツに雇われたときのことを「パイレーツで負け続けた経験があったから、メッツは僕を雇ったのだろう」と振り返っていたが、パイレーツでは背番号4が永久欠番となり、メッツでも永久欠番と同等の扱いを受けている。

選手とブロードキャスターの両方で永久欠番となっているのはカイナーが史上唯一である。7年連続本塁打王に輝いたパイレーツの主砲は、バットとマイクの両方でメジャーリーグの歴史に名を残した偉大なホームランバッターだった。

年度	チーム	試合	打数	得点	安打	二塁打	三塁打	本塁打	打点	四球	三振	盗塁	打率	出塁率	長打率	OPS
1946	パイレーツ	144	502	63	124	17	3	**23**	81	74	**109**	3	.247	.345	.430	.775
1947	パイレーツ	152	565	118	177	23	4	**51**	127	98	81	1	.313	.417	**.639**	**1.055**
1948	パイレーツ	**156**	555	104	147	19	5	**40**	123	112	61	1	.265	.391	.533	.924
1949	パイレーツ	152	549	116	170	19	5	**54**	**127**	**117**	61	6	.310	.432	**.658**	**1.089**
1950	パイレーツ	150	547	112	149	21	6	**47**	118	122	79	2	.272	.408	.590	.998
1951	パイレーツ	151	531	**124**	164	31	6	**42**	109	**137**	57	2	.309	**.452**	**.627**	**1.079**
1952	パイレーツ	149	516	90	126	17	2	**37**	87	**110**	77	3	.244	.384	.500	.884
1953	パイレーツ	**41**	148	27	40	6	1	7	29	25	21	1	.270	.383	.466	.849
	カブス	**117**	414	73	117	14	2	28	87	75	67	1	.283	.394	.529	.923
1954	カブス	147	557	88	159	36	5	22	73	76	90	2	.285	.371	.487	.858
1955	インディアンス	113	321	56	78	13	0	18	54	65	46	0	.243	.367	.452	.818
メジャー通算(10年)		1472	5205	971	1451	216	39	369	1015	1011	749	22	.279	.398	.548	.946

※アミカケはリーグトップ、1953年は2チーム合計の158試合がリーグトップ

ホームラン乱造による空中戦の主役たち

1980－1990年代

長くその名を轟かせていたフィリーズのマイク・シュミットが80年代の掉尾で引退する年に、マリナーズのケン・グリフィー・ジュニアがデビューし、90年代を席巻する。

筋肉増強剤が使用されたこともあり、ホームラン乱造、空中戦の時代であった。

カブスのサミー・ソーサと熾烈なデッドヒートを演じたすえに70本のホームランを放ち、マリスの記録を37年ぶりに破ったカージナルスのマーク・マグワイア。

その記録を3年後に更新することになるジャイアンツのバリー・ボンズも、ホームランに特化した打撃にモデルチェンジして変貌を遂げたのだった。

ケン・グリフィー・ジュニア

Ken Griffey Jr.

筋肉増強剤の助けを必要としなかったスムーズで美しいスイング

文●AKI猪瀬

PROFILE

本名ジョージ・ケネス・グリフィー・ジュニア。1969年11月21日、ペンシルベニア州生まれ。1987年ドラフト全体1位でマリナーズに指名されてプロ入りし、1989年4月に19歳でメジャーデビュー。翌年9月に父と二者連続本塁打。1994年に初の本塁打王。1997年は自己最多の56本塁打、147打点で二冠王。この年から3年連続本塁打王。2000年2月にトレードでレッズへ移籍するも相次ぐ故障に苦しむ。ホワイトソックスを経て2009年にマリナーズへ復帰し、翌年限りで現役引退。2016年に史上最高（当時）の得票率99.3%でアメリカ野球殿堂入り。MVP1回、本塁打王4回、打点王1回、オールスター・ゲーム選出13回、シルバースラッガー賞7回、ゴールドグラブ賞10回。188cm104kg、左投左打、外野手。

父親の厳しい教えがグリフィーの信条を形成

19歳でメジャーデビューを果たし、通算350号、400号、450号を達成当時としてはメジャー史上最年少で記録してきたケン・グリフィー・ジュニア。通算630本塁打は歴代7位だが、彼の存在はホームラン打者の域を超え、史上最強の選手の一人と称されるほど、野球選手に必要とされる5つのスキルをすべて兼ね備えた「5ツールプレイヤー」だった。

70年代にメジャーリーグを席巻したシンシナティ・レッズ、通称「ビッグレッド・マシーン」の一員として大活躍したケン・グリフィー・シニアの息子として1969年11月21日に誕生したジュニア。幼少期の遊び場は、父親の仕事場であるレッズの当時の本拠地リバーフロント・スタジアムだった。「ジョニー・ベンチやピート・ローズ、トニー・ペレスなど、数多くの名選手が自分の周りにいた。そんな環境で成長できたことは非常に幸運だった」「レッズが試合に勝ったときにはクラブハウスでキャンディーやバブルガムをたくさんもらえたが、試合に負けると何ももらえなかったことを覚えている」とグリフィーは当時を振り返る。

アメリカンフットボールのワイドレシーバーとして非凡な才能を披露していたグリフィーだったが、彼が最も才能を発揮したのは、もちろん野球だった。父親には「守備、走塁、打撃、この3部門で活躍できる選手こそが真のスター選手。打つだけ、走るだけ、守るだけの選手は一流にはなれない」と幼少期から教え込まれてきた。

オハイオ州シンシナティで過ごした高校時代には、全米の高校生を対象とした最優秀高校野球選手賞を受賞するなど、野球界では知らない人がいないほどの存在に成長。「試合が終わり、帰宅して、父親に今日の試合で本塁打を打った、3安打を記録したなど、自分の成績を自慢げに話すと、毎回叱られていた」とグリフィー。「自分自身の成績などは関係がない。聞きたいのは今日の試合にチームが勝ったか、負けたか、それだけだ。野球は個人ではなく、チーム全員の力で勝ちにいくスポーツだ」という父親の教えは、引退するまでグリフィーの信条となっていた。

「現役時代はすべての試合で勝利を目指していた。その信条は自分の子供にも伝えてきたし、個人成績よりもチームの勝利こそが大切である」とチームプレーに徹した。

親子での記録を次々に樹立

　アメリカンフットボールの強豪大学から複数のオファーを受けたグリフィーだったが、１９８７年にシアトル・マリナーズからドラフトで最大の名誉とされる全体1位指名を受けてプロ入り。絵に描いたような順風満帆のエリート野球人生を歩んできたが、ドラフト指名の翌年、１９８８年1月に２２７錠のアスピリンを飲み、自殺を図った。幸いにも当時交際していたガールフレンドの母親の処置が適切で一命を取り留める。「当時は打てないと球場で罵声を浴びせられ、自宅に戻ると父親に怒鳴られ、自分自身の怒りをコントロールすることができなくなり、死ぬことを選んでしまった」と話した。

　このことをきっかけにグリフィー親子は怒りの感情をコントロールするセラピーを共に受け、親子関係は改善。現在もグリフィー親子はフロリダ州の同じ街の同じ敷地内で暮らしている。後にグリフィーは「自分で死を選ばないでください。それは価値のないことです。私自身が良い例です。そのときにどんな最悪な状況でも、それを通り抜けてください。あなた自身の人生がどうなっていくかは、誰も知らないのですから」と語っている。

父シニアが現役を続行していた1989年にメジャーデビューを果たしたグリフィー。「父親が現役のときにメジャーリーガーになれたことは、人生最大の喜びだ」と話し、野球の神様は翌年、グリフィー親子に素敵なプレゼントを贈った。8月24日に成績不振でレッズを解雇されたシニアが5日後に息子がプレーするマリナーズと契約したのだ。迎えた8月31日のロイヤルズ戦で2番左翼・シニア、3番中堅・ジュニアのスタメンでメジャーリーグ史上初となる親子同時スタメン出場を果たす。

さらに、9月14日のエンゼルス戦では、初回にシニアがシーズン第4号、続くジュニアがシーズン第20号を打ち、親子で2者連続本塁打の離れ業をやってのけた。91年もシニアはマリナーズでプレーし、この年に41歳で引退。ジュニアは「父親と一緒に仕事場である球場に向かい、一緒にプレーをする。自分の子供が生まれた日以外では、自分の人生で起こった最高の出来事であり、自分が達成したいかなる記録よりも大きな出来事だった」と語る。

ステロイド蔓延時代に、筋肉だけに頼らず本塁打を量産

92年頃から本塁打の量産モードが加速していったグリフィーだが、「父親はパワーヒッターではありません。そんな彼に野球を教わってきたので、自分が本塁打を量産する打者になるとは想像もしていませんでした」と回顧する。93年にはメジャータイ記録となる8試合連続本塁打を記録すると、自身初の本塁打王を獲得した94年には、オールスターファン投票で史上最多の得票数を記録。名実ともにメジャーリーグのスーパースターに登り詰めた。しかし、「ベーブ・ルースやウィリー・メイズと比較されることは、光栄なことだが、自分自身のプレーをすることだけを考えている」「私の名前は野球界最高選手ではありません。私の名前はジョージ・ケネス・グリフィー・ジュニアです」と決して浮かれることはなかった。

グリフィーが活躍した当時は、ステロイドが蔓延し、過度なウエイトトレーニングが行なわれていた時代だが、「野生のチーターが獲物を狩る前にストレッチをやらないように、僕もストレッチなど必要ない」と語り、ステロイドはもちろん、過度なウ

細身のしなやかな身体で背筋を伸ばして打席に立つ姿から本塁打を生み出し、センターを守っては驚異的なプレーを連発した

エイトトレーニングも取り入れなかったグリフィー。現役時代は傲慢な性格で知られていた殿堂入りの強打者レジー・ジャクソンも「ジュニアほどクリーンで完璧な野球選手はいない。そして、あの笑顔は世界中のファンを虜にする。まさに正真正銘、野球界のヒーローだ」と絶賛していた。マリナーズから父親が活躍した故郷のシンシナティに移籍後は故障が増え、本来のパフォーマンスを発揮できない時期が多くなり、ホワイトソックスを経て、マリナーズに復帰して２０１０年に引退。後ろ向きに帽子をかぶった姿、多くの人々を虜にした笑顔、そして美しいバッティング・スイングは、一生、ファンの脳裏に残り続けることだろう。

Ken Griffey Jr.

年度	チーム	試合	打数	得点	安打	二塁打	三塁打	本塁打	打点	四球	三振	盗塁	打率	出塁率	長打率	OPS
1989	マリナーズ	127	455	61	120	23	0	16	61	44	83	16	.264	.329	.420	.748
1990	マリナーズ	155	597	91	179	28	7	22	80	63	81	16	.300	.366	.481	.847
1991	マリナーズ	154	548	76	179	42	1	22	100	71	82	18	.327	.399	.527	.926
1992	マリナーズ	142	565	83	174	39	4	27	103	44	67	10	.308	.361	.535	.896
1993	マリナーズ	156	582	113	180	38	3	45	109	96	91	17	.309	.408	.617	1.025
1994	マリナーズ	111	433	94	140	24	4	**40**	90	56	73	11	.323	.402	.674	1.076
1995	マリナーズ	72	260	52	67	7	0	17	42	52	53	4	.258	.379	.481	.860
1996	マリナーズ	140	545	125	165	26	2	49	140	78	104	16	.303	.392	.628	1.020
1997	マリナーズ	157	608	**125**	185	34	3	**56**	**147**	76	121	15	.304	.382	**.646**	1.028
1998	マリナーズ	161	633	120	180	33	3	**56**	146	76	121	20	.284	.365	.611	.977
1999	マリナーズ	160	606	123	173	26	3	**48**	134	91	108	24	.285	.384	.576	.960
2000	レッズ	145	520	100	141	22	3	40	118	94	117	6	.271	.387	.556	.942
2001	レッズ	111	364	57	104	20	2	22	65	44	72	2	.286	.365	.533	.898
2002	レッズ	70	197	17	52	8	0	8	23	28	39	1	.264	.358	.426	.784
2003	レッズ	53	166	34	41	12	1	13	26	27	44	1	.247	.370	.566	.936
2004	レッズ	83	300	49	76	18	0	20	60	44	67	1	.253	.351	.513	.864
2005	レッズ	128	491	85	148	30	0	35	92	54	93	0	.301	.369	.576	.946
2006	レッズ	109	428	62	108	19	0	27	72	39	78	0	.252	.316	.486	.802
2007	レッズ	144	528	78	146	24	1	30	93	85	99	6	.277	.372	.496	.869
2008	レッズ	102	359	51	88	20	1	15	53	61	64	0	.245	.355	.432	.787
	ホワイトソックス	41	131	16	34	10	0	3	18	17	25	0	.260	.347	.405	.751
2009	マリナーズ	117	387	44	83	19	0	19	57	63	80	0	.214	.324	.411	.735
2010	マリナーズ	33	98	6	18	2	0	0	7	9	17	0	.184	.250	.204	.454
メジャー通算(22年)		2671	9801	1662	2781	524	38	630	1836	1312	1779	184	.284	.370	.538	.907

※アミカケはリーグトップ

バリー・ボンズ

Barry Bonds

万能選手から ホームランに特化して シーズン73本塁打

文●奥田秀樹

PROFILE

本名バリー・ラマー・ボンズ。1964年7月24日、カリフォルニア州生まれ。1985年ドラフト1巡目（全体6位）でパイレーツに指名されてプロ入りし、翌年5月にメジャーデビュー。走攻守三拍子揃ったスター外野手に成長し、1990年からの地区3連覇に貢献。1992年シーズン終了後にFAとなり、史上最高額（当時）の6年4375万ドルでジャイアンツと契約。移籍1年目の1993年に初の本塁打王。2001年にメジャー新記録のシーズン73本塁打。ハンク・アーロンの通算本塁打記録を更新した2007年限りで現役引退。通算762本塁打とMVP7回は歴代最多。首位打者2回、本塁打王2回、打点王1回、オールスター・ゲーム選出14回、シルバースラッガー賞12回、ゴールドグラブ賞8回。188cm108kg、左投左打、外野手。

「9・11テロ」から1か月後に年間記録を更新

2001年10月7日、4万1257人の地元ファンで埋まったパシフィックベルパーク。バリー・ボンズはドジャースのナックルボール投手デニス・スプリンガーからシーズン73号をかっ飛ばした。スタンドのファンは総立ちで、拍手をし、手を振り、中には飛び跳ねる者もいる。熱狂の渦の中にボンズがいた。

「子供の頃から野球を見ているが、こんなのは初めて。夢にも思わなかった」

実はそのシーズンで契約が切れ、サンフランシスコを去るのではという憶測もあったが、「ここが我が家。父がジャイアンツでプレーするようになった1968年からだし、これからもずっとそうなる」と言い切った。

前々日、マーク・マグワイアのシーズン記録を塗り替えたが、最終戦でもう1本追加。こけら落としから2年目の美しい球場で、歴史的シーズンの有終の美を飾った。

このときはアメリカ中のほとんどの人が応援していたと思う。前半戦で39本塁打を量産し、記録更新の可能性があったが、「9・11テロ」で全ての試合がキャンセルされ、国中が動揺する中、1週間後にゲーム再開。ボストンでフランク・シナトラの「ニューヨーク、ニューヨーク」が合唱されるなど、一致団結してテロに立ち向かおうという気運だった。ボンズはそのとき63本まで記録を伸ばしていたが、「残りシーズン、ホームランを打つたびに復興基金に1万ドルずつ寄付する」と宣言。そして最終戦で73号となった。奇しくもその日、アメリカ軍はアフガニスタンへの空爆を開始した。あれから20年、米軍はアフガニスタンから完全撤退。世論は180度転換し、長い戦争が無駄だったのではと糾弾されている。

着々と進行した薬物汚染

時間が経てば、より冷静に起きたことを振り返り、判断を下せるもの。ボンズの評価も再検討されるべきではないかと思う。不幸にもハンク・アーロンの通算本塁打記録を抜いた2007年8月7日、コミッショナーもアーロンも球場に姿を見せなかった。ステロイドとヒト成長ホルモンで作られた注釈付きの記録と批判されていたからだ。そしていまだに野球殿堂に入れていない。だがボンズは良くも悪くもステロイド時代を象徴する選手で、被害者でもあったと思う。そもそもボンズは薬物なしでも90年代最高の野球選手だった。5ツールプレーヤーで、シーズン30本塁打&30盗塁は5度達成、ゴールドグラブ賞8回受賞、93年には46本塁打123打点の二冠王で、打率も・336だった。その時点ですでにMVPも3度受賞していた。年間100三振はメジャー1年目の86年の102個だけで、以後は常に二ケタに抑えた。若い頃はこう力説していた。「本塁打で決着がつく試合は多くない。普通のヒットが大事なんだ」

90年に初めて3割と30本塁打をマークすると、「今年は3割を打ちたかった。バットに当てて脚力を生かしたかった。本塁打は考えていなかった。だから30本には驚いた」と総括した。96年、42本塁打をマークしたシーズンも、「ゴッドファーザーのウィリー・メイズのように600号を打つことはない」と、本塁打記録は眼中になかった。

そんな中、球界では薬物汚染が着々と進行していた。ステロイドの危険性があちこちで真剣に議論され、プロ、アマ問わずどの競技も取り締まりが厳しくなったというのに、MLBではプライバシーの侵害を主張する選手組合を説得できず野放し状態。

ホゼ・カンセコ、マーク・マグワイアらが使用し、本塁打記録が伸びていった。そしてあの98年、マグワイアとサミー・ソーサのロジャー・マリスの61本への挑戦は、異常な注目を集め、社会現象となった。

ボンズは8月23日、シーズン26号本塁打で通算400号を達成。盗塁数はすでに438個だったから、史上初めて400本塁打と400盗塁を達成した選手になった。だが翌日の新聞はソーサが2本塁打で51号、マグワイアも1本で53号になったと大きく報じ、対照的にボンズの偉業は淡々と事実を並べただけ。自他ともに認める球界のベストプレーヤーはこの扱いの差に大きなショックを受けた。筆者も取材者の一人だったが、あのときは国中が浮かれ騒ぎ、おかしくなっていたと思う。AP通信のスティーブ・ウィルスタイン記者はマグワイアのロッカーにアンドロステンジオンが置かれているのに気づき、アトランタ五輪の砲丸投げ金メダリスト、ランディ・バーンズが数週間前に同じ筋肉増強剤で競技資格を剥奪されていたことから、記録の正当性を疑う記事を書いた。結果的に批判されたのは記者で、トニー・ラルーサ監督はウィルスタイン記者をクラブハウス立ち入り禁止にすべきと腹を立てている。その時点で

34歳のボンズはホームラン打者に変身することに決めた。それまで体重は84～86キロくらいだったのに、オフに一気に10キロ近く増やした。

満塁で敬遠される〝最も恐れられた男〟

最高の選手が薬物で〝怪物〟になる。99年はケガで102試合の出場だったが、それでも34本塁打。2000年は49本塁打。「あと6シーズン、年に30本以上打てば、ゴッドファーザーの660本を抜ける」と目標が変わった。そして01年は前述の73本で2度目の本塁打王になった。特に驚いたのは、投手がまともに勝負せず、ボール球の連続だったのに、数少ないストライクを確実に本塁打にしていたこと。そのシーズンは177四球、長打率・863で、長年ベーブ・ルースが保持していた記録を抜いている。「今までは外野フェンスに当たっていた打球が今年は越えていく。その理由はわからない。神様にでも電話をして理由を聞いてくれ」とコメントしている。

02年は46本で、ソーサに3本差の2位。68敬遠を含む198四球で、打数はソーサ

高校時代には父・ボビーや父のチームメイトだったウィリー・メイズ（右）から技術指導を受けるなど、恵まれた才能と環境があったことも事実だ

の556打数に対して、ボンズは403打数。本塁打王争いで明らかに不利だ。そのかわりに打率・370で初の首位打者に輝いている。

03年も本塁打は45本でジム・トーメイに2本差の2位。トーメイは578打数、ボンズは390打数だった。04年はもっと異常だった。120敬遠でそのうち41度は無走者で歩かされた。トータル232四球、出塁率・609、OPS1・422。三振数より本塁打数が多く、41三振45本塁打だった。これだけ警戒されたのでは本塁打王はやっぱり不可能。45本でエイドリアン・ベルトレイに3本差の4位だった。打率は・362で2度目の首位打者となっている。滅多にアウトにならない打者は「四球、四球で試合中は全く休めない。お尻が疲れているよ」とぼやいている。

ボンズの本塁打と言えば、マッコビー湾に飛び込むスプラッシュヒットが有名だが、あの球場はライトフェンスが

7・6メートルの高さで強い海風も吹き、実はMLBで最も左打者に不利な球場だ。そこで打ちまくったのだから恐るべしである。05年以降は40代に突入し、ケガもあって本塁打数は減ったが、それでも06年、07年は敬遠数、四球数、出塁率でトップ。依然リーグで〝最も怖い打者〟だった。ちなみに打数÷本塁打数で割り出す本塁打率は98年までは16・2打数だったのが、99年からは9・2打数と劇的に数字が変わっている。

MLBは03年に初めて薬物検査を実施、05年1月からは回数無制限の抜き打ち検査、06年からは3度の違反で永久追放と処分を厳しくしていった。機構側がもっと早く動いていれば、ボンズは偉大な5ツールプレーヤーで現役を全うし、薬物に手を染めることはなかったと思う。だが、あの98年が彼を誤った道に進ませてしまった。

ボンズは連邦大陪審で故意の使用を否定し続けたため、07年11月に偽証の疑いで起訴、11年には司法妨害で有罪の評決を言い渡された。しかし筆者は、彼は野球殿堂には入るべきだと考え、毎年彼に投票し続けている。

年度	チーム	試合	打数	得点	安打	二塁打	三塁打	本塁打	打点	四球	三振	盗塁	打率	出塁率	長打率	OPS
1986	パイレーツ	113	413	72	92	26	3	16	48	65	102	36	.223	.330	.416	.746
1987	パイレーツ	150	551	99	144	34	9	25	59	54	88	32	.261	.329	.492	.821
1988	パイレーツ	144	538	97	152	30	5	24	58	72	82	17	.283	.368	.491	.859
1989	パイレーツ	159	580	96	144	34	6	19	58	93	93	32	.248	.351	.426	.777
1990	パイレーツ	151	519	104	156	32	3	33	114	93	83	52	.301	.406	**.565**	**.970**
1991	パイレーツ	153	510	95	149	28	5	25	116	107	73	43	.292	**.410**	.514	**.924**
1992	パイレーツ	140	473	**109**	147	36	5	34	103	**127**	69	39	.311	**.456**	**.624**	**1.080**
1993	ジャイアンツ	159	539	129	181	38	4	**46**	**123**	126	79	29	.336	**.458**	**.677**	**1.136**
1994	ジャイアンツ	112	391	89	122	18	1	37	81	**74**	43	29	.312	.426	.647	1.073
1995	ジャイアンツ	**144**	506	109	149	30	7	33	104	**120**	83	31	.294	**.431**	.577	**1.009**
1996	ジャイアンツ	158	517	122	159	27	3	42	129	**151**	76	40	.308	.461	.615	1.076
1997	ジャイアンツ	159	532	123	155	26	5	40	101	**145**	87	37	.291	.446	.585	1.031
1998	ジャイアンツ	156	552	120	167	44	7	37	122	130	92	28	.303	.438	.609	1.047
1999	ジャイアンツ	102	355	91	93	20	2	34	83	73	62	15	.262	.389	.617	1.006
2000	ジャイアンツ	143	480	129	147	28	4	49	106	**117**	77	11	.306	.440	.688	1.127
2001	ジャイアンツ	153	476	129	156	32	2	**73**	137	**177**	93	13	.328	**.515**	**.863**	**1.379**
2002	ジャイアンツ	143	403	117	149	31	2	46	110	**198**	47	9	**.370**	**.582**	**.799**	**1.381**
2003	ジャイアンツ	130	390	111	133	22	1	45	90	**148**	58	7	.341	**.529**	**.749**	**1.278**
2004	ジャイアンツ	147	373	129	135	27	3	45	101	**232**	41	6	**.362**	**.609**	**.812**	**1.422**
2005	ジャイアンツ	14	42	8	12	1	0	5	10	9	6	0	.286	.404	.667	1.071
2006	ジャイアンツ	130	367	74	99	23	0	26	77	**115**	51	3	.270	**.454**	.545	.999
2007	ジャイアンツ	126	340	75	94	14	0	28	66	**132**	54	5	.276	**.480**	.565	1.045
メジャー通算(22年)		2986	9847	2227	2935	601	77	**762**	1996	**2558**	1539	514	.298	.444	.607	1.051

※アミカケはリーグトップ

マーク・マグワイア

全米をホームランで熱狂させたソーサとの〝世紀のデッドヒート〟

Mark McGwire

文●AKI猪瀬

PROFILE

本名マーク・デービッド・マグワイア。1963年10月1日、カリフォルニア州生まれ。1984年ドラフト1巡目(全体10位)でアスレチックスに指名されてプロ入りし、1986年8月にメジャーデビュー。翌年はメジャー新人記録（当時）の49本塁打で初の本塁打王となり、新人王を受賞。同僚のホゼ・カンセコとの「バッシュ・ブラザーズ」で人気を集める。1997年7月にトレードでカージナルスへ移籍し、1998年はサミー・ソーサとの激しい本塁打王争いの末、メジャー新記録（当時）のシーズン70本塁打。翌年も65本塁打を放ったが、膝の故障に悩まされ、2001年限りで現役引退。本塁打王4回、打点王1回、オールスター・ゲーム選出12回、シルバースラッガー賞3回、ゴールドグラブ賞1回。196cm113kg、右投右打、一塁手。

野球のエリートコースを歩んだ生粋のホームランバッター

「家族、子供、両親、そして親友に真実を告げる瞬間が最も苦しく、厳しい瞬間だった」。果たしてマーク・マグワイアは「歴史に名を残す強打者」なのか、それとも時代に翻弄された「汚れた英雄」なのか――。

1963年10月1日、父親が歯科医師をしていた南カリフォルニアの裕福な家庭で生まれたマグワイア。高校時代は投手として活躍し、1981年のドラフトで投手としてモントリオール・エクスポズから8巡目指名を受けたが、地元の超名門、南カリフォルニア大学に進学。そこで出会ったアメリカのアマチュア球界史上最高の指導者、ロッド・デドゥー南カリフォルニア大学野球部監督に打者としての才能を見出され、投手から野手に転向した。

その才能は瞬く間に開花し、1984年ロサンゼルス五輪の公開競技だった野球で全米代表入りを果たす。そして、同年のドラフトでオークランド・アスレチックスから1巡目指名を受けてプロ入りし、1986年4月22日、ヤンキー・スタジアムのヤンキース戦で7番サードでメジャーデビューした。4月25日、タイガー・スタジアムで行なわれたタイガース戦に8番サードで出場したマグワイアは、5回表にタイガースの先発ウォルト・テレルからメジャー初本塁打を放つ。結局、デビューイヤーは18試合に出場して3本塁打だった。

新人王有資格者として迎えた翌1987年、マグワイアはホームランバッターとして覚醒する。アスレチックスのトニー・ラルーサ監督はマグワイアの打力を最大限に活かすために開幕から一塁手として起用。スタメン出場2試合目でシーズン第1号を記録したが、4月は月間4本塁打に留まった。しかし、5月に入ると本塁打量産モードに突入して月間15本塁打。その後も順調に本数を伸ばし、8月には37本のア・リーグ新人記録、さらに38本のメジャー新人記録をあっさりと更新することになる。

社会現象となったソーサとの本塁打王争い

80年代で初となるシーズン50本塁打が現実味を帯びてきたシーズン終盤。残り2試合の時点で49本塁打。しかし、マグワイアは初めて生まれてくる子供の出産に立ち会うために残りの試合を欠場。その後、シーズン50本塁打を打つチャンスは1996年まで巡ってこなかったが、メジャー史上初となるデビューから4年連続30本塁打を記録するなど、メジャーを代表するホームラン打者としての地位を確立した。しかし、93年に左足踵を故障し、その後の野球人生が大きく歪むことになる。左足踵を故障して手術を受けた93年と94年は合計で74試合の出場のみ。このリハビリの道中でマグワイアは人生で初めてステロイドを使用することになる。「本塁打を打つためにステロイドを使用したことはない。術後の回復のために使用した」と話した。

故障が完全に癒えた95年に復活を遂げ、96年には「自分にとってシーズン50本塁打は特別なマイルストーン」と語り、この年から前人未到の4年連続50本塁打を記録した。そして、そのピークは全米を熱狂の渦へと導いたサミー・ソーサとの「本塁打狂騒」を演じた1998年だった。

本塁打に全米のファンが熱狂している間もマグワイアはパフォーマンス向上作用がある「アナボリック・ステロイド」の使用を続けていた。1998年9月7日、この

1990年代前半まで打率は低かったものの、快調なペースで本塁打を量産したマグワイア。1998年のソーサとのし烈な本塁打王争いは全米を熱狂の渦に巻き込んだ

日からソーサ擁するカブスを本拠地ブッシュ・スタジアムに迎えて行なわれた2連戦。この時点でマグワイアの本塁打は60本。この2連戦にマグワイアはシーズン61本塁打のメジャー記録を持つロジャー・マリスの遺族を招待していた。1試合目に61号、2試合目にカブスのスティーブ・トラクセルから62号を記録。「マリスの使っていたバットに触らせてもらった。そのバットの横に自分のバットが飾られる。私はとても誇らしく思っています」

その後も本塁打を量産したマグワイアは、最終的にシーズン70本塁打を記録した。

〝本塁打狂騒時代〟への突入

メジャーリーグでは1994年から1995年にかけて選手会とオーナー側が労使交渉で対立してストライキに突入する。「金持ち対大金持ち」の喧嘩にファンは愛想尽きて一気に野球離れが進み、その窮地をドジャースでデビューした野茂英雄の快投が救った。その後、野球人気を完全復活へと導いたのがマグワイアとソーサを筆頭とした「本塁打狂騒」の時代だった。この当時、多くの選手がステロイドを使用していたのは公然の事実で、MLB機構は禁止薬物に指定していなかった。しかし、2000年代に入ると強烈な副作用の結果、死亡事故や人体に悪影響が出るケースが続出した。世論は一気に「ステロイド＝悪」という風潮に変わっていった。

2001年10月4日のブリュワーズ戦でロッキー・コッピンジャーから打った通算583号がマグワイアの最後の本塁打となるが、引退後、2010年1月にカージナルスの打撃コーチへと就任する際にマグワイアは正式にステロイド使用を認め、「本当に間違いを犯した。私は愚かだった」と嘆いた。

Mark McGwire

年度	チーム	試合	打数	得点	安打	二塁打	三塁打	本塁打	打点	四球	三振	盗塁	打率	出塁率	長打率	OPS
1986	アスレチックス	18	53	10	10	1	0	3	9	4	18	0	.189	.259	.377	.636
1987	アスレチックス	151	557	97	161	28	4	**49**	118	71	131	1	.289	.370	**.618**	.987
1988	アスレチックス	155	550	87	143	22	1	32	99	76	117	0	.260	.352	.478	.830
1989	アスレチックス	143	490	74	113	17	0	33	95	83	94	1	.231	.339	.467	.806
1990	アスレチックス	156	523	87	123	16	0	39	108	**110**	116	2	.235	.370	.489	.859
1991	アスレチックス	154	483	62	97	22	0	22	75	93	116	2	.201	.330	.383	.714
1992	アスレチックス	139	467	87	125	22	0	42	104	90	105	0	.268	.385	**.585**	.970
1993	アスレチックス	27	84	16	28	6	0	9	24	21	19	0	.333	.467	.726	1.193
1994	アスレチックス	47	135	26	34	3	0	9	25	37	40	0	.252	.413	.474	.887
1995	アスレチックス	104	317	75	87	13	0	39	90	88	77	1	.274	.441	.685	1.125
1996	アスレチックス	130	423	104	132	21	0	**52**	113	116	112	0	.312	**.467**	**.730**	**1.198**
1997	アスレチックス	105	366	48	104	24	0	34	81	58	98	1	.284	.383	.628	1.012
	カージナルス	51	174	38	44	3	0	24	42	43	61	2	.253	.411	.684	1.095
1998	カージナルス	155	509	130	152	21	0	**70**	147	**162**	155	1	.299	**.470**	**.752**	**1.222**
1999	カージナルス	153	521	118	145	21	1	**65**	**147**	133	141	0	.278	.424	.697	1.120
2000	カージナルス	89	236	60	72	8	0	32	73	76	78	1	.305	.483	.746	1.229
2001	カージナルス	97	299	48	56	4	0	29	64	56	118	0	.187	.316	.492	.808
メジャー通算(16年)		1874	6187	1167	1626	252	6	583	1414	1317	1596	12	.263	.394	.588	.982

※アミカケはリーグトップ

マイク・シュミット

Mike Schmidt

感覚重視の守備でも、分析で突き詰めた打撃でも超一流

文●奥田秀樹

PROFILE

本名マイケル・ジャック・シュミット。1949年9月27日、オハイオ州生まれ。1971年ドラフト2巡目（全体30位）でフィリーズに指名されてプロ入りし、1972年9月にメジャーデビュー。メジャー3年目の1974年にブレイクし、初の本塁打王。1980年には自己最多の48本塁打、121打点で初の二冠王。1985年はチーム事情で一塁を守ったが、翌年から三塁に復帰。1989年5月に現役引退。同年のオールスター・ゲームにファン投票で選出（引退選手の選出は史上初）。攻守両面でハイレベルな実力を持つ「史上最高の三塁手」。MVP3回、本塁打王8回、打点王4回、オールスター・ゲーム選出12回、シルバースラッガー賞6回、ゴールドグラブ賞10回、1995年アメリカ野球殿堂入り。188cm90kg、右投右打、三塁手。

「ホームランか三振か」というスリルを与えてくれる

ホームラン打者で守備も達人という三塁手はそう多くない。

マイク・シュミットの場合は二重人格者のようだった。打つほうは几帳面な職人で、スタンスやスイングを頻繁にいじったのに対し、守るほうは練習をほとんどせず、本能的に感覚でプレーした。結果30本塁打以上が13度、ゴールドグラブ賞獲得が10度の記録を残している。1976年4月17日、シュミットはカブス戦で4打席連続本塁打をかっ飛ばした。3打席目にレフトへ高々と2点本塁打、4打席目はレフトへライナーのソロ本塁打、5打席目はセンター右に3点本塁打、6打席目は左中間に2点本塁打を放った。そのシーズンは最初の15試合で12本塁打のロケットスタートだった。シュミットはベーブ・ルースの12度に次ぐ8度の本塁打王に輝いたが、最初の3度は74年から76年（24歳から26歳）。しかし、同時にリーグの三振王でもあり、本人はこれを深く恥じた。「ハンドアイコーディネーションはいいはずなのにこんなに三振するなんて。バットにさえ当てれば、ヒットでなくても進塁打になるかもしれないし、エラーで出塁もある。なんとかしないと」。特に75年は打率・249で180三振。まだ打率が重要と堅く信じられていた時代で、打順は2番から7番まで転々とさせられ、一番多かったのは6番だった。

シュミットはオハイオ大で経営学の学位を取っており、分析はお手のもの。冷静に自分の打撃について考えた。「足を前に踏み出して打つときに、いつも左肩が開き、引っ張った打球がファウルになる。特に内角の甘い球をそれでヒットにし損なう。そこでホームベースから離れて打とうと考えた」。投手に背中が見えるくらいにねじって、背中をゆすってタイミングを合わせる独特のフォームである。「これで内角球も確実にヒットにできる。1週間にヒットを一本ずつ加えられれば、シーズンで約25本のプラス。ホームランも打点も増え、三振が減る」。計算通りにこれで進化を遂げた。

80年と81年、4度目と5度目の本塁打王のときは打率が上がり、三振も減った。特に80年は球団史上初のワールドシリーズ制覇を成し遂げ、勝負どころで打ちまくった。特にペナントレース終盤の9月1日から10月4日に打率・298、13本塁打、28打点を記録し、チームは23勝10敗である。特に10月3日からのエクスポズとの直接対決3連戦は2勝したほうがプレーオフに進出できる。3日はシュミットの犠飛で先制、ソロ本塁打で追加点をあげ、2対1で勝利。4日は延長11回、シュミットの決勝2点本塁打で制した。このシーズンは48本塁打、121打点で二冠に輝き、満票でMVPに選ばれた。ワールドシリーズでも打率・381、2本塁打、7打点の活躍を見せ、シリーズMVPにも選ばれている。81年はストライキで試合数は減ったが、それでも31本塁打、91打点の2年連続二冠王。打率もキャリアで唯一の3割台となる・316で再びMVP。「3割を狙うというとみんな笑っていたけど、自分ではできるとわかっていた。そのうち首位打者だって狙えるかも」と胸を張っている。この2シーズンは3番か4番に固定されていた。

大学1年から野球に専念。みるみる上達し円熟の大打者へ

身長188センチ、体重90キロ。パワーとスピードに溢れ、強靭な身体に恵まれたシュミットは、当時野球のユニフォームを着た最高のアスリートと称賛された。79年

から83年までフィリーズでチームメイトだったピート・ローズが羨ましがったほどだ。とはいえ、高校時代は器用貧乏だった。「フットボールではクオーターバックだったが、2度膝を手術した。野球ではチームで4番目か5番目の選手で、打率は・250程度だった。選手として一番よかったのはバスケットだったかも」という。その程度だったから、ドラフトにかかるのは無理で、普通の学生としてオハイオ大に進学。建築家志望だった。

1年生のときにバスケットで膝が悪化、初めて野球に専念した。「不思議なことに以後膝の問題は消え、野球がどんどんうまくなった。3年、4年でオールアメリカンに選ばれ、4年目には奨学金ももらった」。71年のドラフト2巡目（全体30位）でフィリーズに指名された。72年にメジャー昇格。89年まで18シーズンプレーし、8度の本塁打王に加え、12度のオールスター選出、史上最高の三塁手と呼ばれている。打撃に関してはすでに書いたように几帳面な職人肌だったが、守備は感覚重視で「基本動作は意識しないし、練習も好きではない。それでも打球の方向を読めるし、他の三塁手より守備範囲は広い。守備は大好き。子供の頃から両足の間で取ってみせたり、背面

ダイナミックなバッティングとは対照的に、三塁手としては華麗なフィールディングを見せ、ゴールドグラブ賞に10度輝いている

キャッチをしたり、楽しんでプレーしてきた」と明かす。元遊撃手だっただけにスピードが自慢で、三遊間のゴロに素早く追いつき、三塁後方のファウルフライを深く追いかけてキャッチする。わざと三塁線を開けたりもする。「三塁への速くて難しい打球はやるかやられるか。失うものはない。だからむしろリラックスしてプレーできた。反射神経が大事。長い練習はいらないし、重要なのはプレーを楽しむことなんだ」と説明する。

シュミットがプレーしたフィラデルフィアはファンが熱狂的であると同時に辛辣で

あることでも有名だ。80年は初めて街にワールドシリーズ優勝の栄誉をもたらし、シュミットは英雄になったが、83年のワールドシリーズでオリオールズに完敗を喫したときは、打率・050の不振で子供にまでブーイングされた。ただ、そんな街でも「キャプテン・クール」と呼ばれたように、感情を表に出さず、冷静にプレーを続けた。

7度目と8度目の本塁打王は84年と86年で、34歳と36歳のときだった。ともに打点王との二冠で、86年は3度目のMVPも獲得している。88年は不振。89年も42試合をプレーしたところで打率・203、6本塁打と振るわず、シーズン中にもかかわらず潔く引退した。クールな男が会見で涙を流し、「こんな顔を見るなんて信じられないだろうけど、素晴らしいキャリアを送れたことがうれしいんだ」と素直に胸の内を明かしている。

95年の野球殿堂入り資格1年目で殿堂入り。460人の記者のうち444人が投票し、96・52％の高い得票率だった。その年はフィル・ニークロ、ドン・サットンという2人の300勝投手が落選したのに、史上最高の三塁手への評価は絶大だった。クーパーズタウンでのセレモニーには、フィラデルフィアのファンが大挙して押し寄せ、当時の最多記録となる4万人が集結している。

年度	チーム	試合	打数	得点	安打	二塁打	三塁打	本塁打	打点	四球	三振	盗塁	打率	出塁率	長打率	OPS
1972	フィリーズ	13	34	2	7	0	0	1	3	5	15	0	.206	.325	.294	.619
1973	フィリーズ	132	367	43	72	11	0	18	52	62	136	8	.196	.324	.373	.697
1974	フィリーズ	162	568	108	160	28	7	**36**	116	106	**138**	23	.282	.395	**.546**	.941
1975	フィリーズ	158	562	93	140	34	3	**38**	95	101	**180**	29	.249	.367	.523	.890
1976	フィリーズ	160	584	112	153	31	4	**38**	107	100	**149**	14	.262	.376	.524	.900
1977	フィリーズ	154	544	114	149	27	11	38	101	104	122	15	.274	.393	.574	.967
1978	フィリーズ	145	513	93	129	27	2	21	78	91	103	19	.251	.364	.435	.798
1979	フィリーズ	160	541	109	137	25	4	45	114	**120**	115	9	.253	.386	.564	.950
1980	フィリーズ	150	548	104	157	25	8	**48**	**121**	89	119	12	.286	.380	**.624**	**1.004**
1981	フィリーズ	102	354	**78**	112	19	2	**31**	**91**	**73**	71	12	.316	**.435**	**.644**	**1.080**
1982	フィリーズ	148	514	108	144	26	3	35	87	**107**	131	14	.280	**.403**	**.547**	**.949**
1983	フィリーズ	154	534	104	136	16	4	**40**	109	**128**	**148**	7	.255	**.399**	.524	.923
1984	フィリーズ	151	528	93	146	23	3	**36**	**106**	92	116	5	.277	.383	.536	**.919**
1985	フィリーズ	158	549	89	152	31	5	33	93	87	117	1	.277	.375	.532	.907
1986	フィリーズ	160	552	97	160	29	1	**37**	**119**	89	84	1	.290	.390	**.547**	**.937**
1987	フィリーズ	147	522	88	153	28	0	35	113	83	80	2	.293	.388	.548	.936
1988	フィリーズ	108	390	52	97	21	2	12	62	49	42	3	.249	.337	.405	.742
1989	フィリーズ	42	148	19	30	7	0	6	28	21	17	0	.203	.297	.372	.668
メジャー通算(18年)		2404	8352	1506	2234	408	59	548	1595	1507	1883	174	.267	.380	.527	.908

※アミカケはリーグトップ

特別寄稿

「アメリカのホームラン王というもの」

石田雄太

ホームランは、野球の華ではなかった。

19世紀にアメリカで産声を上げたベースボールには、そもそも柵越えのホームランというものはなかったのだ。ボールは遠くへ飛びにくく、原っぱで始まったベースボールに外野のフェンスなどあろうはずがない。讃えられていたのはライナー性の速い打球で、スピードこそがベースボールの醍醐味だった。

ところが、ベーブ・ルースの登場によってベースボールは劇的に変わる。ボールを遠くへ飛ばす――時が止まるホームランの魅力に人々は引きつけられた。1920年、ニューヨーク・ヤンキースのルースは54本のホームランを放ってそれまでのホームラン記録を大幅に塗り替える。その年から遡ること44年、1876年、ナショナル・リーグの初代ホームラン王、フィラデルフィア・アスレチックス（現在は消滅）のジョージ・ホールが打ったホームランは5本。以降、1リーグ制で行われていた19世紀のメジャーリーグでホームラン王に輝いた顔ぶれと本数を眺めてみると、20本を超えたのは27本のネッド・ウィリアムソン（1884年、シカゴ・ホワイトストッキングス、現在のカブス）、25本打ったバック・フリーマン（1899年、ワシントン・セネタース、のちに解散）、20本のサム・トンプソン（1889年、フィラデルフィア・フィリーズ）の3人だけ。2リーグ制となった20世紀になっても、一桁の本数でホームラン王を獲得することは珍しくなく、ルース以前に20本を超えたのは1911年にナ・リーグのホームラン王となったフランク・シュルト（カブス、21本）と1915年のギャビー・クラバス（フィリーズ、24本）の2人だけだ。ところがルースは1919年に29本のホームランを打ち、さらにその翌年には54本という数字を叩き出した。この記録がいかに当時の野球好きを仰天させたかということは容易に想像できる。

この1920年というシーズン、ボールの規格が変更されて糸がきつく巻かれ、飛ぶボールとなったことはよく知られている。それでもアメリカン・リーグでルースに次ぐホームランを打ったのはジョージ・シスラー（セントルイス・ブラウンズ、現在のオリオールズ）で19本。同じ年、ナ・リーグでホームラン王を獲得したサイ・ウィリアムス（フィリーズ）が打ったホームランは15本。いかにライブボール（飛ぶボール）時代の到来と言われようが、あるいはヤンキー・スタジアムが「ルースの建てた家」と言われようとも（1923年から使用された旧ヤンキー・

スタジアムはライトポールまでの距離が短く、左バッターのルースにとってホームランが出やすい構造だったことからそう揶揄されたことがあった）、1918年から4年連続、1年おいて2年連続、また1年おいて6年連続と、14年間で12度のホームラン王に輝いたルースの記録が色褪せることはない。

そのルースが打った通算714号の記録を超えて755本のホームランを積み重ね、ホームラン王を4度獲得したハンク・アーロンが王貞治と話をする場に居合わせたことがある。1990年8月、アトランタで行われた世界アマチュアオールスターゲームで王とアーロンが両軍の監督を務めたのだ。そのときのアーロンと王のこんなやりとりが印象に残っている。

王「ベーブ・ルースさんの714本は見たことがないけど、アーロンさんの755号は実際に打った瞬間をテレビで観ていましたからね。そういう意味では、アーロンさんの数字を超えたときは嬉しかったですね」

アーロン「あなたの868本という記録は世界一です」

王「私の記録は日本の野球界で、日本の野球場で打ったもので、アーロンさんの数字を超えたから世界一なんてナンセンスですよ」

アーロン「世界のどこで打とうとも、700本とか800本のホームランを打つためには20年

PROFILE
いしだ・ゆうた／ベースボールライター。1964 年生まれ。名古屋市立菊里高―青山学院大卒。NHKディレクターを経て独立。フリーランスの野球記者として綴った著書に『イチロー・インタビューズ激闘の軌跡 2000 ～ 2019』『大谷翔平 野球翔年』『平成野球 30 年の 30 人』などがある。

以上も元気で、みんなから求められるバッティングをし続けなければならない。そこに何よりも価値があると私は思います」

野球に誠実に向き合ってきたからこその2人の言葉に対し、ホームランという甘い蜜に拐かされた野球人の迷走もまた、後を絶たなかった。違法なコルクバットを使ったり、違法薬物を使用して筋肉増強を図ったり、ボールを遠くへ飛ばすためのパワーを求めた愚行が世に晒された結果、野球好きのホームランへの夢は色褪せる。ならば、ホームラン王とは無縁ながらホームラン数でルースに次ぐリーグ2位となったその年、イチローに破られるまでメジャー記録であり続けたシーズン257安打の最多記録を打ち立てたシスラーが彼の息子に託したバッティングに関する手紙の一節を紹介しよう。

「バッティングの基本はタイミング、バランス、バットコントロールです。この3つがうまくかみ合えば、自然とパワーは生まれるはずです。筋肉に頼って、フェンスを越えて離れた場所までボールを高く飛ばそうとするようなパワーは必要ありません」

ホームラン王のタイトルは尊い。しかし、それを獲ることが目的ではなく、目的を成し得た結果、それがホームラン王のタイトルにつながるものだという価値観を見失うべきではない。

この先、ベースボールの世界に黒歴史が繰り返されないことを切に願うばかりである――。

アメリカの本塁打王一覧（1900年〜）

※メジャー・リーグの本塁打王のみ。アメリカン・リーグは1901年の発足

アメリカン・リーグ	本数	年度	ナショナル・リーグ	本数
リーグ発足前		1900	ハーマン・ロング（ブレーブス）	12
ナップ・ラジョイ（アスレチックス）	14	1901	サム・クロフォード（レッズ）	16
ソックス・シーボルド（アスレチックス）	16	1902	トミー・リーチ（パイレーツ）	6
バック・フリーマン（レッドソックス）	13	1903	ジミー・シェッカード（ドジャース）	9
ハリー・デービス（アスレチックス）	10	1904	ハリー・ラムリー（ドジャース）	9
ハリー・デービス（アスレチックス）	8	1905	フレッド・オドウェル（レッズ）	9
ハリー・デービス（アスレチックス）	12	1906	ティム・ジョーダン（ドジャース）	12
ハリー・デービス（アスレチックス）	8	1907	デーブ・ブレイン（ブレーブス）	10
サム・クロフォード（タイガース）	7	1908	ティム・ジョーダン（ドジャース）	12
タイ・カッブ（タイガース）	9	1909	レッド・マレー（ジャイアンツ）	7
ジェイク・スタール（レッドソックス）	10	1910	フレッド・ベック（ブレーブス）	10
			フランク・シュルト（カブス）	10
ホームラン・ベイカー（アスレチックス）	11	1911	フランク・シュルト（カブス）	21
ホームラン・ベイカー（アスレチックス）	10	1912	ハイニー・ジマーマン（カブス）	14
トリス・スピーカー（レッドソックス）	10			
ホームラン・ベイカー（アスレチックス）	12	1913	ギャビー・クラバス（フィリーズ）	19
ホームラン・ベイカー（アスレチックス）	9	1914	ギャビー・クラバス（フィリーズ）	19
ブラッゴ・ロース（ホワイトソックス／インディアンス）	7	1915	ギャビー・クラバス（フィリーズ）	24
ウォーリー・ピップ（ヤンキース）	12	1916	デーブ・ロバートソン（ジャイアンツ）	12
			サイ・ウィリアムス（カブス）	12
ウォーリー・ピップ（ヤンキース）	9	1917	ギャビー・クラバス（フィリーズ）	12
			デーブ・ロバートソン（ジャイアンツ）	12
ベーブ・ルース（レッドソックス）	11	1918	ギャビー・クラバス（フィリーズ）	8
ティリー・ウォーカー（アスレチックス）	11			
ベーブ・ルース（レッドソックス）	29	1919	ギャビー・クラバス（フィリーズ）	12
ベーブ・ルース（ヤンキース）	54	1920	サイ・ウィリアムス（フィリーズ）	15
ベーブ・ルース（ヤンキース）	59	1921	ハイ・ポケッツ・ケリー（ジャイアンツ）	23
ケン・ウィリアムス（ブラウンズ）	39	1922	ロジャース・ホーンスビー（カージナルス）	42
ベーブ・ルース（ヤンキース）	41	1923	サイ・ウィリアムス（フィリーズ）	41
ベーブ・ルース（ヤンキース）	46	1924	ジャック・フォーニアー（ドジャース）	27
ボブ・ミューゼル（ヤンキース）	33	1925	ロジャース・ホーンスビー（カージナルス）	39
ベーブ・ルース（ヤンキース）	47	1926	ハック・ウィルソン（カブス）	21
ベーブ・ルース（ヤンキース）	60	1927	サイ・ウィリアムス（フィリーズ）	30
			ハック・ウィルソン（カブス）	30
ベーブ・ルース（ヤンキース）	54	1928	ジム・ボトムリー（カージナルス）	31
			ハック・ウィルソン（カブス）	31
ベーブ・ルース（ヤンキース）	46	1929	チャック・クライン（フィリーズ）	43
ベーブ・ルース（ヤンキース）	49	1930	ハック・ウィルソン（カブス）	56

アメリカの一般史

01年／マッキンリー大統領暗殺　03年／ライト兄弟が有人飛行に成功　14年／パナマ運河開通　17年／第一次世界大戦に参戦　20年／禁酒法　20年／女性参政権の実現　20年／国際連盟の設立（アメリカは不参加）　21年／ワシントン会議　29年／世界恐慌

アメリカン・リーグ	本数	年度	ナショナル・リーグ	本数
ルー・ゲーリッグ（ヤンキース）	46	1931	チャック・クライン（フィリーズ）	31
ベーブ・ルース（ヤンキース）	46			
ジミー・フォックス（アスレチックス）	58	1932	チャック・クライン（フィリーズ）	38
			メル・オット（ジャイアンツ）	38
ジミー・フォックス（アスレチックス）	48	1933	チャック・クライン（フィリーズ）	28
ルー・ゲーリッグ（ヤンキース）	49	1934	リッパー・コリンズ（カージナルス）	35
			メル・オット（ジャイアンツ）	35
ジミー・フォックス（アスレチックス）	36	1935	ウォーリー・バーガー（ブレーブス）	34
ハンク・グリーンバーグ（タイガース）	36			
ルー・ゲーリッグ（ヤンキース）	49	1936	メル・オット（ジャイアンツ）	33
ジョー・ディマジオ（ヤンキース）	46	1937	ジョー・メドウィック（カージナルス）	31
			メル・オット（ジャイアンツ）	31
ハンク・グリーンバーグ（タイガース）	58	1938	メル・オット（ジャイアンツ）	36
ジミー・フォックス（レッドソックス）	35	1939	ジョニー・マイズ（カージナルス）	28
ハンク・グリーンバーグ（タイガース）	41	1940	ジョニー・マイズ（カージナルス）	43
テッド・ウィリアムス（レッドソックス）	37	1941	ドルフ・カミリ（ドジャース）	34
テッド・ウィリアムス（レッドソックス）	36	1942	メル・オット（ジャイアンツ）	30
ルディ・ヨーク（タイガース）	34	1943	ビル・ニコルソン（カブス）	29
ニック・エッテン（ヤンキース）	22	1944	ビル・ニコルソン（カブス）	33
バーン・スティーブンス（ブラウンズ）	24	1945	トミー・ホームズ（ブレーブス）	28
ハンク・グリーンバーグ（タイガース）	44	1946	ラルフ・カイナー（パイレーツ）	23
テッド・ウィリアムス（レッドソックス）	32	1947	ラルフ・カイナー（パイレーツ）	51
			ジョニー・マイズ（ジャイアンツ）	51
ジョー・ディマジオ（ヤンキース）	39	1948	ラルフ・カイナー（パイレーツ）	40
			ジョニー・マイズ（ジャイアンツ）	40
テッド・ウィリアムス（レッドソックス）	43	1949	ラルフ・カイナー（パイレーツ）	54
アル・ローゼン（インディアンス）	37	1950	ラルフ・カイナー（パイレーツ）	47
ガス・ザーニアル（ホワイトソックス／アスレチックス）	33	1951	ラルフ・カイナー（パイレーツ）	42
ラリー・ドビー（インディアンス）	32	1952	ラルフ・カイナー（パイレーツ）	37
			ハンク・サウアー（カブス）	37
アル・ローゼン（インディアンス）	43	1953	エディ・マシューズ（ブレーブス）	47
ラリー・ドビー（インディアンス）	32	1954	テッド・クルズースキー（レッズ）	49
ミッキー・マントル（ヤンキース）	37	1955	ウィリー・メイズ（ジャイアンツ）	51
ミッキー・マントル（ヤンキース）	52	1956	デューク・スナイダー（ドジャース）	43
ロイ・シーバース（セネタース）	42	1957	ハンク・アーロン（ブレーブス）	44
ミッキー・マントル（ヤンキース）	42	1958	アーニー・バンクス（カブス）	47
ロッキー・コラビト（インディアンス）	42	1959	エディ・マシューズ（ブレーブス）	46
ハーモン・キルブリュー（セネタース）	42			

アメリカの一般史

31年／フーバー・モラトリアム　33年／ニューディール政策　41年／真珠湾攻撃　42年／ミッドウェー海戦　45年／日本に原爆投下　45年／ポツダム宣言・終戦　45年／国際連合の設立　50年／朝鮮戦争　55年／ベトナム戦争

アメリカン・リーグ	本数	年度	ナショナル・リーグ	本数
ミッキー・マントル（ヤンキース）	40	1960	アーニー・バンクス（カブス）	41
ロジャー・マリス（ヤンキース）	61	1961	オーランド・セペダ（ジャイアンツ）	46
ハーモン・キルブリュー（ツインズ）	48	1962	ウィリー・メイズ（ジャイアンツ）	49
ハーモン・キルブリュー（ツインズ）	45	1963	ハンク・アーロン（ブレーブス）	44
			ウィリー・マッコビー（ジャイアンツ）	44
ハーモン・キルブリュー（ツインズ）	49	1964	ウィリー・メイズ（ジャイアンツ）	47
トニー・コニグリアロ（レッドソックス）	32	1965	ウィリー・メイズ（ジャイアンツ）	52
フランク・ロビンソン（オリオールズ）	49	1966	ハンク・アーロン（ブレーブス）	44
ハーモン・キルブリュー（ツインズ）	44	1967	ハンク・アーロン（ブレーブス）	39
カール・ヤストレムスキー（レッドソックス）	44			
フランク・ハワード（セネタース）	44	1968	ウィリー・マッコビー（ジャイアンツ）	36
ハーモン・キルブリュー（ツインズ）	49	1969	ウィリー・マッコビー（ジャイアンツ）	45
フランク・ハワード（セネタース）	44	1970	ジョニー・ベンチ（レッズ）	45
ビル・メルトン（ホワイトソックス）	33	1971	ウィリー・スタージェル（パイレーツ）	48
ディック・アレン（ホワイトソックス）	37	1972	ジョニー・ベンチ（レッズ）	40
レジー・ジャクソン（アスレチックス）	32	1973	ウィリー・スタージェル（パイレーツ）	44
ディック・アレン（ホワイトソックス）	32	1974	マイク・シュミット（フィリーズ）	36
レジー・ジャクソン（アスレチックス）	36	1975	マイク・シュミット（フィリーズ）	38
ジョージ・スコット（ブリュワーズ）	36			
グレイグ・ネトルズ（ヤンキース）	32	1976	マイク・シュミット（フィリーズ）	38
ジム・ライス（レッドソックス）	39	1977	ジョージ・フォスター（レッズ）	52
ジム・ライス（レッドソックス）	46	1978	ジョージ・フォスター（レッズ）	40
ゴーマン・トーマス（ブリュワーズ）	45	1979	デーブ・キングマン（カブス）	48
レジー・ジャクソン（ヤンキース）	41	1980	マイク・シュミット（フィリーズ）	48
ベン・オグリビー（ブリュワーズ）	41			
トニー・アーマス（アスレチックス）	22	1981	マイク・シュミット（フィリーズ）	31
ドワイト・エバンス（レッドソックス）	22			
ボビー・グリッチ（エンゼルス）	22			
エディ・マレー（オリオールズ）	22			
レジー・ジャクソン（エンゼルス）	39	1982	デーブ・キングマン（メッツ）	37
ゴーマン・トーマス（ブリュワーズ）	39			
ジム・ライス（レッドソックス）	39	1983	マイク・シュミット（フィリーズ）	40
トニー・アーマス（レッドソックス）	43	1984	デール・マーフィー（ブレーブス）	36
			マイク・シュミット（フィリーズ）	36
ダレル・エバンス（タイガース）	40	1985	デール・マーフィー（ブレーブス）	37
ジェシー・バーフィールド（ブルージェイズ）	40	1986	マイク・シュミット（フィリーズ）	37
マーク・マグワイア（アスレチックス）	49	1987	アンドレ・ドーソン（カブス）	49
ホゼ・カンセコ（アスレチックス）	42	1988	ダリル・ストロベリー（メッツ）	39

アメリカの一般史

62年／キューバ危機　63年／ケネディ大統領暗殺　68年／キング牧師暗殺　69年／アポロ11号月面着陸　71年／ニクソン・ショック　73年／オイル・ショック　80年／イラン・イラク戦争　85年／プラザ合意　87年／ブラック・マンデー

アメリカン・リーグ	本数	年度	ナショナル・リーグ	本数
フレッド・マグリフ（ブルージェイズ）	36	1989	ケビン・ミッチェル（ジャイアンツ）	47
セシル・フィルダー（タイガース）	51	1990	ライン・サンドバーグ（カブス）	40
ホゼ・カンセコ（アスレチックス）	44	1991	ハワード・ジョンソン（メッツ）	38
セシル・フィルダー（タイガース）	44			
フアン・ゴンザレス（レンジャーズ）	43	1992	フレッド・マグリフ（パドレス）	35
フアン・ゴンザレス（レンジャーズ）	46	1993	バリー・ボンズ（ジャイアンツ）	46
ケン・グリフィー Jr.（マリナーズ）	40	1994	マット・ウィリアムス（ジャイアンツ）	43
アルバート・ベル（インディアンス）	50	1995	ダンテ・ビシェット（ロッキーズ）	40
マーク・マグワイア（アスレチックス）	52	1996	アンドレス・ガララーガ（ロッキーズ）	47
ケン・グリフィー Jr.（マリナーズ）	56	1997	ラリー・ウォーカー（ロッキーズ）	49
ケン・グリフィー Jr.（マリナーズ）	56	1998	マーク・マグワイア（カージナルス）	70
ケン・グリフィー Jr.（マリナーズ）	48	1999	マーク・マグワイア（カージナルス）	65
トロイ・グロス（エンゼルス）	47	2000	サミー・ソーサ（カブス）	50
アレックス・ロドリゲス（レンジャーズ）	52	2001	バリー・ボンズ（ジャイアンツ）	73
アレックス・ロドリゲス（レンジャーズ）	57	2002	サミー・ソーサ（カブス）	49
アレックス・ロドリゲス（レンジャーズ）	47	2003	ジム・トーメイ（フィリーズ）	47
マニー・ラミレス（レッドソックス）	43	2004	エイドリアン・ベルトレイ（ドジャース）	48
アレックス・ロドリゲス（ヤンキース）	48	2005	アンドリュー・ジョーンズ（ブレーブス）	51
デービッド・オルティス（レッドソックス）	54	2006	ライアン・ハワード（フィリーズ）	58
アレックス・ロドリゲス（ヤンキース）	54	2007	プリンス・フィルダー（ブリュワーズ）	50
ミゲール・カブレラ（タイガース）	37	2008	ライアン・ハワード（フィリーズ）	48
カルロス・ペーニャ（レイズ）	39	2009	アルバート・プーホルス（カージナルス）	47
マーク・テシェイラ（ヤンキース）	39			
ホゼ・バティースタ（ブルージェイズ）	54	2010	アルバート・プーホルス（カージナルス）	42
ホゼ・バティースタ（ブルージェイズ）	43	2011	マット・ケンプ（ドジャース）	39
ミゲール・カブレラ（タイガース）	44	2012	ライアン・ブラウン（ブリュワーズ）	41
クリス・デービス（オリオールズ）	53	2013	ペドロ・アルバレス（パイレーツ）	36
			ポール・ゴールドシュミット（ダイヤモンドバックス）	36
ネルソン・クルーズ（オリオールズ）	40	2014	ジャンカルロ・スタントン（マーリンズ）	37
クリス・デービス（オリオールズ）	47	2015	ノーラン・アレナード（ロッキーズ）	42
			ブライス・ハーパー（ナショナルズ）	42
マーク・トランボ（オリオールズ）	47	2016	ノーラン・アレナード（ロッキーズ）	41
			クリス・カーター（ブリュワーズ）	41
アーロン・ジャッジ（ヤンキース）	52	2017	ジャンカルロ・スタントン（マーリンズ）	59
クリス・デービス（アスレチックス）	48	2018	ノーラン・アレナード（ロッキーズ）	38
ホルヘ・ソレアー（ロイヤルズ）	48	2019	ピート・アロンソ（メッツ）	53
ルーク・ボイト（ヤンキース）	22	2020	マーセル・オズーナ（ブレーブス）	18
ブラディミール・ゲレーロ Jr.（ブルージェイズ）	48	2021	フェルナンド・タティース Jr.（パドレス）	42
サルバドール・ペレス（ロイヤルズ）	48			

アメリカの一般史

89年／マルタ会談・冷戦終結　91年／湾岸戦争　01年／同時多発テロ事件　03年／イラク戦争　08年／リーマン・ショック　20年／新型コロナウイルスのパンデミック